小学校最初の3年間で本当にさせたい「勉強」

作文教室「言葉の森」代表
中根克明

難関校合格多出・35年で
1万2000人が学んだ
今一番注目を集める通信教育！

すばる舎

はじめに

私は「言葉の森」という作文教室を経営しています。

最初は、神奈川県横浜市の一角で始めた通学の教室ですが、引っ越しなどで教室に通えなくなった生徒が通信を希望するようになり、その生徒たちの通信指導をしているうちに、インターネットを利用した作文の通信教育を行うようになりました。

そして、現在は通信の生徒を中心に総勢1000人近くの生徒が毎週1回作文を書く、作文教育専門の教室になっています。

大学を卒業してまもなく始めた教室ですので、実質的に約40年、本格的に独立してからは約35年間、幼稚園年長の子供から社会人の生徒まで、1万2000人以上の生徒たちを相手に作文を教えてきました。

なぜ作文だったかというと、答えのある算数などの科目は独学できても、作文は第三者がいないと自己評価ができないものだからです。そこにやりがいを感じました。

作文教育の中に、創造性や思考力を育てる教育に結びつく新しい教育の可能性があると思いました。

しかし、保護者の方が主に関心を持つのは、創造性や思考力のような漠然としたものではなく、勉強の出来不出来という、点数ではっきり表されたものであることが多いものです。

とくに、小学1年生から3年生にかけての時期は、勉強自体が基本的なものなので、やれば誰でも成績が上がるようになります。

すると、かえって、ほかの子と比べたり、さらに難しいことをやらせようとしたり、自分の子ができなかったときにショックを感じたりすることが多くなるのです。

しかし、この時期の勉強は、ほどほどにできていれば十分です。多少できないことがあっても、成長に応じてやがて誰でも自然にできるようになるからです。

そして、学年が上がり、みんなが普通に勉強ができるようになってくると、今度はそこから大きな差になるものが創造性や思考力で、これこそが本当に必要な学力になってくるのです。

この創造性や思考力という学力を育てるものは、目に見える勉強よりも、読書、親子の対話、自由な遊び、自主的な生活など、家庭生活の中で普通に行われているものです。

そこで、この本では、読書の話を中心に、これまでに私が子供たちを教える中で気がついた、子供たちの成長にとって大切なものは何かということを書きました。できるだけ具体的に、明日から実行できるような形で書くことを心がけました。

この本で述べたことを生かしていただければ、手間や費用をかけずに、子供たちの真の学力と文化力を向上させ、親子の楽しい交流を作り出すことができると思います。

そして、そういう子供たちが増えることによって、日本がさらによりよい国になっていくと思います。

Ｆａｃｅｂｏｏｋのメンバー、言葉の森の保護者、講師、家族などからは、私ひとりでは気づかなかったことを数々教えられました。この場を借りてお礼申し上げます。

第2章

3年間の読書量で学力が決まる

第3章 後伸びする低中学年の勉強法

第4章 「遊び」をとことん充実させる

第5章 本当に地力のある子に育てていくために

ブックデザイン／萩原弦一郎（デジカル）
イラスト／佐藤香苗

第1章

小1・小2・小3はとても貴重で大切な時期

「小学校最初の3年間」は輝かしい黄金期

7歳から9歳で格段に成長する

小学校最初の3年間は、何でも吸収する時期です。

この時期の子供たちは、あらゆることを模倣を通して吸収しようとします。それは子供たちの身の回りに、憧れの対象が大きく広がっているからです。

この模倣の時期は、同時に、その後の小学校生活、そして中学・高校生活の基本となるレールを作る時期です。そのレールの上に、これからいろいろな荷物を積んだ列車が走っていくのです。

幼稚園や保育園時代、「うちの子は、小学校に上がってちゃんとやれるだろうか」

と多くのお父さんお母さんが心配します。

今の姿からは、机の前に座って勉強し、時間割通りに動くことなどとても想像できない、と思うのが普通です。

けれども、３月まではまだ幼児だったのに、４月が終わる頃には、見た目も小学生らしくなり、顔つきも変わっています。

親の心配をよそに、どの子も立派な小学生となるのです。


頭も心も体も成長が著しく、できることがどんどん増えます。小学1年生から3年生、７歳から9歳の3年間は格段に子供が伸びていく時期です。

作文教室でも、小学1年生の頃は「わ」

と「は」の区別のできない子もかなりいます。

文の終わりに「。」をつけるとか、会話はカギカッコで囲むなどということも、多くの子は何度言ってもなかなかできるようになりません。

あまりに理解できないので、教える方が途方に暮れることもあります。

ところが、そんなに苦労したことが、小学3年生になる頃には誰でもできるようになります。それは、**教えてできるようになるというよりも、成長によって自然にできるようになる**という感じです。

学校生活の貴重なゆとり期間

小学校最初の3年間は、小学校の6年間、その後の中学・高校の6年間、そして大学時代へと続く、長い学校生活の始まりの3年間です。

この最初の3年間は、そのあとの学校生活の期間とは違った特徴があります。それは、たっぷりと時間があり、子供の生活に余裕があり、その後の学校生活の基礎ができる時期だということです。

この時期は、放課後の時間にも余裕があります。クラブ活動や委員会活動が始まるのは4年生の頃からで、学校の授業が遅くまである日もまだ多くありません。

学校でのいろいろな活動が始まれば、帰る時間も遅くなりますが、3年生までは、この**放課後の時間がたっぷりある**ことが、子供の生活全体の余裕を生み出しています。

小学3年生までは、学校の勉強自体もまだ本格的ではありません。普通にやっていれば、勉強は誰でもわかるという余裕があります。

1～2年生の頃は、まだ科目数も多くはありません。国語も算数も、勉強することは基本的なことばかりです。

これが、**4年生以上になると、勉強は次第に本格的になります**。4～5年生の頃は「10歳の壁」として、勉強につまずく子も増えてくる時期です。

国語も、算数も、その他の教科も、抽象的な考え方を必要とするようになり、使われる言葉も難しくなり、一度の説明では理解できない内容の勉強も増えてきます。

これに対して、小学3年生までは、勉強のほとんどは実感できるもので、壁となるようなものはどこにもなく、学校の授業も含めてあらゆる面でゆとりがあります。

小学3年生までは、どの子ものびのびと小学校生活を送れる、**もっとも子供らしい幸福に満ちた時期**なのです。

学習塾に習い事…「何かさせなきゃ」と焦らない

長い放課後を埋めようとしてしまう…

小学校最初の3年間は、時間と余裕がたっぷりありますが、それゆえにかえって漠然とした焦りを感じるお父さんお母さんも多くなります。

「この余裕の時間、何もしなくていいものか」

「遊ばせておくだけでいいのか……」

そんなふうに考えてしまいます。

「○○ちゃんは、英語を習っているんだって」とか、「○○君は、算数教室に通ってもう来年の勉強までしているんだって」などという話を聞くと、そういうことを子供にさせていない親は内心不安になります。

とくに勉強面ではそうです。

「学校の勉強だけでは足りないと言うし……」

「このまま学校任せでいいのか」

「家でもっと勉強させるべき？」

あれをしないとあれが遅れるのではないかと思い、これをしないとこれが遅れるのではないかと思い、その遅れがあとで大きく響くように思ってしまうのです。

それで、学習塾に行かせるとか、通信教育をさせるとか、英語を習わせるとか、いろいろな習い事を検討するようになります。

この時期の子供は素直なので、親の言うことをよく聞きます。この頃の親は子供にとっては全知全能のような存在ですから、親がしなさいと言うことはどの子も素直に従います。

けれども、それゆえに、知らぬ間についやらせすぎてしまう場合もあるのです。

「よく遊び、少し学べ」

「よく学び、よく遊べ」という言葉があります。遊ぶのも学ぶのも、どちらも大切なことですが、親はだいたい「よく学ぶ」に重点を置きがちです。しかし、本当は「よく遊ぶ」の方が重要です。

とくに小学校の最初のうちは、遊びと学びの比率は、「よく遊び、少し学べ」ぐらいでちょうどいいのです。

小学１年生から３年生の勉強は、やれば誰でもできるようになる勉強です。難問のようなものはありません。

この時期に難問と言われるものは、問題そのものが難しいのではなく、問題文が難しく書かれているために、その読み取り方が難しいというものです。

そういう難しい問題は、学年が上がり読む力がつけば、自然にできるようになります。だから、そういう難問に時間をかける必要はありません。

また、勉強の先取りも、この時期はまだあまり必要ではありません。

学校の勉強より先のことを学ぶのは、もちろん悪いことではありません。しかし、周囲より先に進んでいるつもりでも、学年が上がり、ほかの子がその学年の勉強を行うようになると、差がいつの間にか埋まっていることが多いのです。

なぜなら、勉強はその学年の理解度に応じたカリキュラムで作られているからです。**1年生なら5時間かかってようやくできる勉強が、5年生なら1時間でできる**というようなことがよくあります。すると、1年生のときに長い時間をかけたことは、結局密度が薄い時間だったということになるのです。

ですから、勉強は、その学年で今習っていることをしっかり習得できていれば大丈夫と考えておくことです。

家庭学習の習慣がつけば十分

この時期に長い時間勉強をさせられると、勉強を苦行のように感じ、勉強の能率が悪くなってしまうことがあります。この頃の勉強は、中身の習得よりも、その勉強に対してどういう姿勢で取り組んでいるかということの方が重要です。

だから、この時期の子供の勉強には「腹八分目」ならぬ「頭八分目」が大切です。

頭を振ったらカラカラ音がするぐらいだとそれもまた困りますが、詰め込みすぎるよりも隙間がある方がまだいいのです。

それは、勉強を詰め込むと必ず消化不良になるからです。その消化不良は、だらだら勉強をするという形で表れます。

勉強はさっと集中して終わらせ、あとはたっぷり遊ぶというのが、よい時間の使い方です。

多くの家庭では、「早く勉強しなさい」「もっと勉強しなさい」という言葉がくり返されています。

「早く」と「もっと」の吹き出しを作りたくなる親も多いと思います。

これを、「早く勉強が終わってよかったね」「もう勉強が終わったなら、あとはたっぷり遊びなさい」という言葉に切り換えていくことです。子供の驚いて喜ぶ顔が見られると思います。

この時期は本格的に勉強するというよりも、家庭での勉強の習慣をつけるのが一番の目標になります。そのために、長い時間は必要ありません。短い時間で、自分から進んで、毎日やるという習慣をつけていくのです。

こういう学習習慣さえ定着していれば、**いざ高学年になって勉強に本腰を入れるようになると、学力はすぐに伸びていきます**。

最優先にすべきは「好きなことに熱中する」時間

学校が終わったらゆっくりしたい

放課後の時間は、ある程度自由に遊べる余裕のある時間にしていく必要があります。小学校最初の頃は、学校が楽だといっても、学校である限りやはり子供は疲れます。午前中は4時間目まで連続で授業があり、午後にも授業が入ります。学校で子供が自由に遊べるのは、休み時間だけです。それ以外は、時間割にそってチャイムの音によって動き、集団行動をします。大人が思う以上に、子供は緊張して生活しています。

子供の中には、1日の間に習い事を掛け持ちしている子がいます。作文教室に来る前に塾に行っているとか、この習い事が済んだら次はスイミングだという子が時々います。

ただでさえ学校に通っているのに、そのうえ何件も予定が入るのでは、自分で自由に使える時間がありません。

1回の習い事の時間は短くても、**決まった予定が入ること自体、子供にとって緊張感を伴う**ものです。なかには、宿題や練習が必要な習い事もあるでしょう。

たしかに、習い事がよい刺激となり、日常にメリハリを生み出す面もあります。ただ、あまり詰め込みすぎると、子供はどの習い事にも少しずつ手を抜くようになります。すると、そういう学習姿勢がついてしまい、かえってマイナスになることもあるのです。

親は子供の様子をよく見て、時間配分にゆとりが持てるようにコントロールしておく必要があります。

空想の世界に入り込んで楽しむ

自由な時間、ゆっくりする時間が重要なのは、実はその時間の中でこそ、子供は自分の好きなことに熱中し、創造性を伸ばす力をつけているからです。

好きなことは、どんなことでもかまいません。

あることを始めると、それに飽きるまで時間の経つのも忘れて集中するというのが、子供の特性です。

紙と鉛筆があれば、たいていの子は自分の好きな絵を描き始めます。そして、その絵を描くことに熱中します。子供には、素材と時間さえあればいいのです。

子供は、大人が思うよりもずっと想像性が豊かなので、紙や石ころや貝殻などの素材が

あれば、それらを組み合わせていろいろな遊びを考えつきます。
大人がわざわざ遊びの道具を用意しなくても、子供たちは自由に遊びを創造していくのです。

また、ただ外で友達といるだけでも、子供は熱中します。

子供にとっては、身の回りのすべてのものが遊びの対象です。小さな空き地があれば、そこが大平原になり、アイスの棒を主人公にして大冒険が始められます。わずかな草むらがあれば、そこがジャングルになります。石ころが巨大な恐竜になって現れてくるかもしれません。

こういう空想の遊びに熱中しているとき、子供は時間の経つのを忘れます。

そして、将来記憶に残るのは、その時期に詰め込んだ知識ではなく、自分が熱中して遊んだ子供時代なのです。

多くの成功者は子供の頃遊んでばかりだった

世の中に名を残した人、経営者や芸術家の子供時代の話を読むと、多くの人が存分に遊んだ子供時代を過ごしています。かなりいたずらもしていたようです。

惑星探査機はやぶさが、イトカワという小惑星のサンプル採集に世界で初めて成功したというニュースをご存知の方も多いと思います。

このイトカワという惑星の名前は、糸川英夫博士にちなんでつけられました。糸川氏は、戦時中は陸軍戦闘機隼《はやぶさ》の開発設計に関わり、戦後は日本で初めてロケットを作り、日本のロケット開発の基礎を作り上げた人です。

この糸川英夫博士は、子供時代に、強いベーゴマを作ることに熱中していました。両親に見つかると止められるだろうからと、隠れてベーゴマ作りに励みました。両親が寝静まってからひそかに火鉢の中に炭をたくさん入れ、その中に坩堝《るつぼ》（耐熱容器）を入れて鉛を溶かします。

町で買ってきたベーゴマを重くすれば、もっと強くなるはずだという仮説を立てて、溶かした鉛をベーゴマに山盛りにしたのです。

そのベーゴマを持って隣町まで遠征します。糸川氏の子供時代は、ベーゴマの技術革新で夜も寝られぬほど忙しい子供時代だったということです。

こういう自由な、一見何の役にも立たないような遊びが子供を成長させます。

ノートに落書きを書くような、やらなくてもいいようなことをついやってしまうのが、子供というものです。そして、実はそれがとても大切なことなのです。

一見無駄に見えることに熱中しているとき、子供は、集中力や持続力や自主性や思考力を育てています。言わば、将来大きな木になるために、地中に深く根を張っている最中なのです。

無駄を排して見た目の結果を重視するのは、子供のエネルギーを、根を張ることよりも花を咲かせることに向けてしまうことにつながります。

子供には、自由な時間が必要です。

親が、子供にいろいろなことをさせたがるのは、子供の才能を見つけて伸ばしたいと思っているからですが、既存の習い事をさせる以上に、枠にはまらない自由な遊びを楽しませることによってこそ子供の才能は育ちます。

ただひとつ、たっぷりさせたいこと。それは「読書」

最高の「遊び」であり「勉強」

小学校の最初の3年間は、ゆったり過ごしていい時期です。焦って一生懸命勉強させる必要はありません。むしろ、自由に遊ぶ時間を最優先にする時期です。

ただ、その自由な時間の中で、ひとつだけさせたいことがあります。それは「読書」です。

本を読むことの大切さは、これまで多くのところで言われています。

「朝の10分間読書」を実施している中学の調査によると、**生徒の学力は、家庭で読書をする習慣があるかどうかと高い相関がある**という結果が出ています。家で本を読んでいる子ほど学校の成績がいいのです。

そして、読書は学力だけでなく、より幅広い人間力のようなものとも深い関係があります。

本書のタイトルに、「本当にさせたい勉強」とありますが、**読書こそ本当にさせたい「勉強」**です。

本を読むことは、一般には勉強のようなこととは思われていません。小学校では読書の時間はあっても、本を読むためのテストがあるわけではありません。読んだ本で成績をつけられるわけでもありません。しかし、本を読むことこそ、真の勉強に値するものです。

本を読むのは楽しいことです。読書好きな子にとって、これほど熱中でき、心躍るものはありません。その点で言えば、読書は最高の「遊び」とも言えます。

それにもかかわらず、学力を伸ばすという意味で言えば、この読書ほど「勉強」となるものはないのです。

国語力は学力の基本

学力の基本は国語力です。国語力とは、言い換えれば日本語を使いこなす力のことです。

学校では、どの科目の教科書も日本語を使って書かれています。日本語をしっかり読み、理解することが勉強の基本です。そして、日本語を使って深く考えられるかどうかが考える力の中身です。

計算能力が基礎である算数も例外ではありません。

たしかに低学年の頃は、計算の仕方がわかればできる問題が中心です。しかし、学年が上がるにつれて、計算力そのものよりも、どういう計算が必要なのかということを読み取る力が重要になってきます。

読む力との関係がとくに強い教科が、理科と社会です。

教科書に書かれている内容を理解することがそのまま教科の勉強になるので、**教科**

書を読書のつもりで読んでいれば自然に成績が上がるのです。

私自身も、中学2年生のとき、お昼の弁当の時間に歴史の教科書を本代わりに読んでいて、定期テストでひとりだけ満点を取ったことがあります。当時はあまり勉強はしていなかったので、教科書の読書がそのまま勉強代わりになっていたのです。

小学生の最初の頃は、読む力のある子とない子の差はあまりはっきりしません。それは読む対象そのものが、まだ易しいものだからです。

しかし、**高学年になり勉強の内容が難しくなり、考える要素が増えてくると、読む力のある子と読む力のない子の差が次第に表れてきます**。

小さい頃に勉強のよくできた子が、学年が上がるにつれ、だんだんふるわなくなることがあります。それとは逆に、小さい頃に読書ばかりして、勉強の方はあまりしなかった子が、学年が上がるにつれてぐんぐん力をつけていくことがあります。

読む力が、学年が上がったときの勉強の吸収力の差になってくるのです。

作文教室でも「読む」課題が

日本語を読み取る力、国語力は、いわゆる「国語の勉強」だけでは身につきません。漢字の書き取りをしたり、難しい言葉の意味を覚えたり、読解問題を解いたりしても、それは表面的なものです。もちろんこれらも重要ですが、こういう勉強だけでは、日本語を深く読み取る力はつきません。

国語力は、たくさんの文章を読み、多くの日本語にくり返し触れることによって、少しずつ身についていきます。それは知識の勉強というよりも、一種の身体感覚のような、慣れることによって身につく勉強なのです。

ある教育サイトに、小３の子のお母さんからの投稿で、「漢字・指示語・熟語・ことわざ・慣用句など、国語のすべてが苦手で困っている」という相談が載っていました。問題集を何度もくり返し解かせているそうですが、成果が上がっていないということでした。

おそらくその子は、普段からそういう国語的な勉強をしていたのでしょう。国語の勉強的な知識はもちろんあってもいいのですが、そういうものを時間をかけて詰め込む必要はありません。小学生の頃は、こういう成績を上げるための勉強はあまり必要がないのです。

たとえ、それらの**知識を詰め込もうとしても、もともとの読む力がない限り、国語の成績は上がりません**。

言葉の森では、作文の「書く」課題だけではなく、「読む」ことも同時に課題としています。本を毎日10ページ以上読むこと、テキストの文章を音読することなどです。先に「読む」というインプットがなければ、「書く」というアウトプットも十分にはできないからです。

この時期は勉強＝読書と考えていい

本が中心の子育てはラク

この時期の勉強は、そのまま読書だと考えておくといいと思います。

子供の熱中することのひとつに読書が加われば、これほど素晴らしいことはありません。

放課後のゆっくりする時間に、好きな本をたっぷりと読みます。本を読むとは、ひとりの世界に入ることであり、読書は子供に自分だけの時間を与えてくれます。こういう満足感はほかにはあまりありません。

本の世界に没頭していると、子供は静かに集中できます。また、**本が好きな子はどこへでも本を持って行くので、乗り物に長い時間乗っているときでも退屈しません。**

勉強の基本は本さえ読んでいればいいというのですから、親にとっても、**何をどれぐらい勉強させるかという選択で頭を悩ませることはなくなります。**

子供も、「問題を10問やりなさい」というのと「本を10ページ読みなさい」とで、どちらを選ぶかと言えば、問題の種類にもよりますが、多くの子が読書の方を選ぶでしょう。その方がずっと楽しいからです。

そして、問題を解くのと本を読むのとで、どちらが本当の力がつくかと言えば、これもやはり多くの場合、読書の方なのです。

一日中読書ばかりで、他のことをまったくしないとなると、それはそれで問題ですが、時間があったらすぐに本を手に取って読み始める、というぐらいの子になれば、その子の勉強に関してはまず心配いりません。

教育費に月5000円なら、本代に月5000円

習い事や学習塾に通うと、毎月の月謝は5000〜1万円ぐらいかかります。

これを子供の教育の必要経費と考えるなら、同じくらいの金額を毎月本代に回してもいいのではないかと思います。

むしろ、小学校の最初のうちの教育費は、この本代の予算化だけで十分なくらいです。

家族で遊びに行けば、5000円などすぐに消えてしまう額です。しかし、仮に5000円で本を5冊買ったら、長い時間子供は楽しむことができます。そういう意味でも、本はかなり得な買い物だと言えます。

最初に本代を予算化しておかずに、そのつど必要に応じて本を買うという形にすると、どうしても本を買うときに、「もったいない」という気持ちが出てしまいます。

けれども、**予算化することで、その範囲内なら躊躇なく買ってあげることができます。**

予算以上にたくさんの本を読みたいとなれば、古本屋やネット書店の中古本を購入したり、図書館を利用したり、本の好きな友達と貸し借りをしたりして、読書生活を充実させていくこともできます。

ネット書店の中古本の中には、おすすめのマークの☆印が5つ近くあるものが1円で売られていることがよくあります。その代わり送料が250円ぐらいかかりますが。

「家庭」を最高の教育の場にする

学校の「朝読」はおまけ的なもの

学校で、朝の10分間読書を実施しているところがよくあります。小学生の場合は、この毎日の10分間読書で、学力が全体的に上昇するという調査結果が出ています。しかし、学校で読書指導をしていると、それに期待して、「読書は学校でするから、家ではしなくていい」と考える人も出てきます。

子供たちに、「今、何の本を読んでいるの」と聞くと、「本はいつも、学校に置いてあります」と平然と答える子がいます。読書は学校でするもので、家でするものではないと考えているのです。

学校で読書の時間が確保されているのは、主に小学生の間だけです。読書を学校でするものだと思っていると、中学生になり、学校で読書指導をしなくなったとき、そのまま読書をしない子になってしまいます。

読書は家庭でするものです。学校での読書はその補完で、家庭での読書のプラスアルファぐらいに考えておくものです。

読書には、いつか寝食を忘れて読みたくなるものが必ず出てきます。この**寝食を忘れるような読み方は、家庭でなければもちろんできません**。

「本はもうおしまいにして、そろそろ寝なさい」

「あともうちょっと。いいところだから」

「寝坊しちゃうよ。朝ご飯食べられなくなるでしょ」

「食べなくてもいいから読ませて」

これが寝食を忘れた読み方です。こういう読み方ができるのは、家庭ならではなのです。

問題集より効果的な「国語的」会話

子供たちは、起きている時間のほとんどを「国語的」に生きています。つまり、日本語によって感じたり考えたりしながら生きています。

その膨大な国語的な生活時間の中で、読書と同様に親子の会話を充実させることで、さらに国語力が磨かれていきます。

子供は誰よりもまず、親から言葉を学びます。知的な対話をする家庭では、子供も当然知的になってきます。

子供と対話をするとき、次のように意識的に言葉遣いを変えてみましょう。

・ちょっと難しめの言葉も入れる
・短い文ではなく、長い文で話す
・単文よりも、複文や重文で話す

「○○ちゃん、あれ取って」

という言い方ではなく、

「○○ちゃん、テレビの横にある箱を取って」

「○○ちゃん、先週スーパーで買ってきた、テレビの横にある青い箱を取って」

というような言い方です。

これは、準備の必要もなく、すぐにできることなので、きわめて簡単です。しかも、生活の必要性の中で出てくる言葉なので、子供もしっかりその内容を聞き取ろうとします。

ポイントは、短い文をたくさん話すのではなく、**ひとつの文を長くして話す**ということです。

これだけで、問題集を解くよりもずっと効果のある国語の勉強になります。

居ながらにネットでよい先生に会える

小学生の子供にとっては、家庭こそ最高の教育の場です。これからますます家庭での学習が重視される時代がやってきます。

学校で同じ先生が同じように教えても、子供たちの学力には次第に差が出てきます。それは、先生の工夫が足りないからでも、子供の努力が不足しているからでもありません。家庭で育てているその子の語彙力に差があるからです。

語彙力の差は、理解力や思考力の差となって表れてきます。

親はつい、子供の学力に不安があると、よい学校や、よい先生や、よい教材を探そうとします。

それらももちろん大切です。しかし、一番大切なのは、よい理解力を家庭で育てるということなのです。

これまでは、先生にしても、教材にしても、一緒に勉強する友達集団にしても、学校や塾という場所に行かなければ、よりよい教育の機会に出会うことはできませんでした。

しかし、これからはネット環境が、よい先生にも、よい教材にも、よい友達集団にも、家庭でアクセスできるようにしてくれます。

しかも、家庭でなければできない勉強形態があります。それは、自学自習という勉強の仕方です。

それぞれの子供が、自分で選んだ教材で、自分のペースで勉強をしたり、読書をしたり、息抜きをしたりする勉強法は、家庭でなければできません。

江戸時代の寺子屋は、子供が朝早くから昼過ぎまで、家庭にいるような雰囲気で楽しく自学自習をする場でした。これからは、**家庭が現代の寺子屋のような役割を果たせる場所になっていく**と思います。

そして、学校は、その家庭学習の成果を持ち寄り、交流する場になるのだと思います。

第2章

3年間の読書量で学力が決まる

「本を読んでいるだけで国語が得意」な理由

知っている漢字や言葉が豊富

読書には、国語に必要な要素がほとんどすべて含まれています。

ひらがなも、漢字も、語彙も、文法も盛り込まれているのが読書です。

本をよく読む子は、そうした「日本語の正しい使い方」が理屈抜きでわかります。漢字もよく目にしているので、書き方を習ったときにすぐに習得できます。語彙の種類も表現の仕方も豊富です。だから、**国語の成績を上げるために、特別な勉強は必要ありません。**

勉強を全然していないのに、読書好きで国語だけは得意という子はよくいます。

本をよく読む子は、生きた言葉に慣れ親しんでいます。**実感を持って使うことので**

きる語彙が豊富です。その豊富な語彙が世界を読み取る力になります。

「虹のような七色」という言葉を身につけた子には、虹が七色に見えます。「お日様のように優しいお母さん」という言葉を身につけた子には、お母さんがお日様のように見えます。

「怪獣のように強いお父さん」という言葉を身につけた子には、お父さんが怪獣のように見えるかもしれません。

七色に光る虹がかかる青い空の下で、お日様のようなお母さんがにっこりほほえみ、その隣で怪獣のようなお父さんが火を吐いている。こういう光景が広がる豊かな世界が、読む力のある子供の見る世界です。

国語力は、世界を豊かに読み取る言葉の力なのです。

小4以降に物を言う考える力

学校や地域の違う小学校低中学年の子供たちが集まると、そのグループの中で、時々互いの自慢話が出てくることがあります。

「こんな漢字、もう知っているんだ」
「じゃあ、この計算できる？」
低中学年の頃の子は、こういう他愛ない子供らしい会話をよくします。塾で先取りの勉強をしたり、新しい知識を吸収していたりすると、それが自慢になるのです。

学校での勉強と家庭での読書しかしていない子は、そういう自慢話にはついていけません。ただ黙って聞いているだけです。

しかし、学年が上がり、知識中心の勉強から、考えることが中心になる勉強に移ると、だんだんそういう単純な自慢話は出なくなります。**知識の差は、それほど意味のある差ではない**ことが自然にわかってくるからです。

そして、今度は逆に、先取りした知識の多い子よりも、読書によって豊富な語彙を身につけた子の方が考える勉強が得意になっていくことが多いのです。

読書量の多い子は、ひとつひとつの語彙だけでなく、その語彙の組み合わせによってできた思考の枠組みも豊富に持っています。だから、新しい勉強に入るときも早く理解できます。

また、本をたくさん読んでいる子は、読むスピードが違います。

今の国語の入試問題は、大量の文章を読ませるようなものが多いので、速く読み取れる子はそれだけ無理なく問題文を読み取れるのです。

テストの点数は解き方次第で上がる

ところが、本をよく読んで国語力があるのに、国語のテストの点がよくないという子がいます。

それは、テストというものが「どれだけ深く読み取れるか」ではなく、「どれだけ正確に読み取れるか」を見るものだからです。

国語の入試問題というものは、書いてあることを「ある」と読み取るだけでなく、書いてないことを「ない」と読み取る力を見る問題です。こういう問題の解き方に必要なのが消去法です。

読解問題の選択肢で、「おじいさんは遠くの山へ柴刈りにいきました」と書いてあった場合、問題文の元の文章に、「遠くの」という言葉がなかったら、この選択肢は×

になります。

一方、「川上から大きな果物が流れてきました」という選択肢は○になります。「桃」が「果物」という違う言葉で書かれていますが、概念としては正しい条件を満たしているので、×ではないという意味で○となるのです。

国語力のある子は、テストの設問を、問題文の文章の中から考えるのではなく、自分の経験を通して直感的に考えてしまうことがあります。こういうわかりにくい問題で点を取れない子は、ある意味で素直な性格のよい子です。

そういう子に、**理詰めで解く国語のテスト対策を説明すると、わずか数時間の説明で、次のテストから国語の成績が急上昇**することがよくあります。

高校3年生の夏休み頃という受験勉強の中盤の時期でも、大学入試センター試験の練習でそれまで平均60点ぐらいしか取れなかった生徒が、一度の説明で急に満点近くを取るようになった例がよくあります。

読書による本物の国語力が育っていれば、あとは問題の解き方という方法を知るだけで国語の成績はすぐに上がります。

読み聞かせはまだまだ有効

読み聞かせは「耳からの読書」

子供が小学校に上がったとたん、「もう小学生なのだから、本は自分で読みなさい」と、自立させようとしてしまうお父さんお母さんがよくいます。

親は、子供に早く自分ひとりで読めるようにとさせたがります。それは、いつまでも読み聞かせをしていると、自分で読むようにならないと思っているからです。

しかし、決してそんなことはありません。自分で読む読書は、目から入る読書で、読み聞かせによる読書は、耳から入る読書です。**耳から入る言葉が増えれば増えるほど、目から入る言葉の理解も深まります。**

読書の本質は、言葉が実感を持って読まれることです。読み聞かせによって言葉の持つ実感を育てているからこそ、子供が自分で読むときも実感を持って読めるようになるのです。

文字だけの言葉は、それだけでは味気ない記号のようなものです。親が読み聞かせで読む言葉は、そのリズムの中に生きた人間の理解や感情が乗っているので、子供の理解や感情が育ちます。

読み聞かせをすればするほど、自分で読む力がついてくるのです。

小学校最初のこの時期は、ちょうど読み聞かせから自分で読む時期への移行期です。

移行期だからこそ、たっぷり読み聞かせを続けてあげることが大事なのです。

子供は、本の読み聞かせとともに、親との親密なコミュニケーションを楽しんでいます。自分で読むことができるようになっても、読んでもらうことにはまた別の喜びがあります。

読み聞かせが必要な時期は、あとから振り返ればほんのわずかです。大きくなってからでは、取り戻すことができないのが読み聞かせです。

親は、そう自分に言い聞かせて読み聞かせを続けていくといいと思います。それがあとで必ず懐かしい思い出になります。

期間限定の親子のふれ合いを大切に

人類の歴史で、というややオーバーなところから始めると、読み聞かせが行われるようになったのは近代になってからです。

それまでは、本も手に入れにくかったでしょうし、夜中に電灯をつけることもできませんでした。

電灯が発明される以前に読み聞かせの代わりになっていたものは、昔話などの語り聞かせでした。子供を寝かしつけながら、親は毎晩のように桃太郎や浦島太郎を話して聞かせました。そして、多くの場合、親が先に退屈して寝てしまったのです。

その同じ話を、子供は毎日飽きずに聞いていました。決して、「桃太郎はもうあらすじがわかっているから、別の新しい話をして」などとは言いませんでした。

現代の読み聞かせも、基本は同じです。子供は、親とのふれ合いや本とのふれ合いを楽しんでいます。新しいテレビ番組を見るようなことは期待していないのです。だから、同じ本を何度も読みたがる子がいるのはむしろ自然です。新しい本を読むおもしろさももちろんありますが、**同じ本をくり返し読んでもらった方が安心できる**という面もあるからです。

同じ本をくり返し読んでいると、子供がその本の文章を覚えてしまうことがあります。それくらいにくり返し読んで慣れ親しんだ言葉は、確実にその子の実感を育てています。

「自分で読む」のが苦手な子は、まず1ページから

1文字ずつ拾い読みだと楽しくない

本には、人を引きつける力があります。親が読み聞かせをしていると、子供はそのうちに、自分でも続きを読みたいと思うようになります。楽しく読み聞かせを続けていれば、親が急かさなくても自然に本を読みたがるようになります。

読書も勉強も、うまく誘導してすぐにさせようとはしないことです。あくまでも、子供が自分の意思でやりたくなるまで待つのです。それは野生の動物に餌をやって、だんだん近寄らせる感じに似ているかもしれません。

子供が自分で本を読むようになることも、毎日、本を読んで本好きになることも、

こういう気長な対応でやっていくのがいいのです。

この時期の子は、まだ文字を読むのが得意ではないということもあります。学校で文字を習い、読み書きできるようになっていても、文字を読むのが苦ではないとか、文字からすぐに情景をイメージ化できるとかいうことは、ただ読めることとはまた別の話です。

1文字1文字拾って読んでいる状態では、読む楽しさは味わえません。そういう状態では、無理に読ませても飽きてしまうのです。

読む力がないうちは、読むことが楽しくないものです。

読むことが好きになれば、読むようになるから、読む力がつくと大人は考えがちです。しかし真実は、読む力がつくから、読むようになり、読むことが好きになるという流れです。

「好き」から「力」に進むのではなく、「力」から「好き」に進むのです。

1ページだけ自分で読んで、続きは読み聞かせ

読む力は、読み慣れることによってついてきます。

まだ読む力がない子にとっては、簡単な絵本であっても、「この1冊をすべて読みなさい」というのはハードルが高いものです。

そこで、**「〇ページまで自分で読んだら、続きは読んであげる」**と言います。

最初は1ページでかまいません。慣れてきたなと思ったら、少しずつ増やしてみます。

「このページをお母さんが読んだら、次のページを読んでね」と、親子で交互に読んでいくのも、ゲームのようで子供が誘いに乗りやすくなります。

子供の音読の様子を聞いていると、その子

がどれぐらい読む力があるかわかります。1文字ずつ拾って読んだり、つっかえつっかえ読んだり、読み間違いが多かったりすれば、それはまだ読む力がないということですから、無理はさせません。

しかし、その場合でも、決して読み間違いを注意したりせずに、「上手に読めたね」と褒めるだけにしておきます。

ポイントは、**とにかく褒めて気長に続ける**ことです。短い時間であっても毎日やっていると、子供の読む力が、あるときから急に伸びるようになります。

なかなか自分で本を読まないという小1の男の子のお母さんにも、右のようなアドバイスをしました。

自分で1ページ読んだら、続きを読み聞かせる作戦です。

実行してみること2ヵ月。最初はしぶしぶだったものの、途中から急に加速がつき、お母さんに読んでもらう前に「ゾロリの本、1冊読んじゃった!」というところまできたそうです。

「子供って、本当に**成長するときは一気に成長**しますね」と驚いていました。

たちまち本好きになる！厳選おすすめ本

『かいけつゾロリ』が大人気なワケ

親が子供にちょうどいいと思って選ぶ本は、だいたいが難しすぎます。また、**親がよい本だと思って選ぶ本の多くは、子供にとっておもしろくない本**です。内容はよいのですが、あまりにも行儀のよいものが多いので、子供はそういう読書には一般にあまり熱中しないのです。

また、学年が上がらないと本当のよさがわからないという本もあります。

将来子供が難しい本を読んだり、良書と言われる本を読んだりするようになることはもちろん大切です。しかし、小学生の最初の頃の読書は、まず読書の楽しさを味わい、読書量を増やすことを第一の目標にしておくといいのです。

読書生活に入りかけた小学1年生の頃は、漫画でも十分に読書の代わりになります。今の漫画は全部の漢字にルビが振ってあるものが多く、そこで使われている語彙は、絵本よりも高度であることが多いからです。

ある程度スムーズに文字が読めるようになった子には、『かいけつゾロリ』（ポプラ社）などのような楽しい本がおすすめです。

子供の好む本には、ちょっと品の悪いところもよくあるものですが、そういうところがかえって子供たちに人気があります。しかし、**そこで使われている語彙は、「ひとたまりもない」「ぜったいぜつめい」など、高度なものが意外と多い**のです。

読書選びの基準は、まず子供が喜んで読むようなものを選ぶということです。

その一方で、**やはり名作的な本を読ませたいと思う場合は、親が読み聞かせをしてあげる**ことです。

読書には、子供を引きつける力があるので、その子が興味を持つ分野であれば、途中から自然に自分で続きを読もうとするようになります。

今の読書をそのまま認めてあげながら、少しずつ幅広く難しい本に発展させていくという二本立てがいいのですが、重点は、あくまでも今の楽しい読書を認めてあげることです。

易しくておもしろい本を

おすすめの本を70ページからご紹介します。ぜひ参考にしてみてください。

一般に、ロングセラーになっている本は、たいていどれもおもしろいものです。子供は正直ですから、おもしろくない本は読もうとしません。

読書感想文コンクールの課題図書になっていたり、何かの賞をもらったりしている本も、よい本だということが保証されています。こういう客観的な基準は、意外とあてになるのです。

ネット書店のレビューも参考になります。子供向けの本は親がレビューを書いており、「夢中になって読んだ」「うちの子にはまだ早すぎた」など子供の率直な反応も記されています。

言葉の森でも、Ｆａｃｅｂｏｏｋの中に「読書の好きな子になる庭」という交流の場を作り、参加者が互いによい本を紹介し合う機会を設けています。ネットでの口コミの評価は、これからますます参考にできるものになっていくと思います。

シリーズものは選びやすい

書店や図書館で実際に本を選ぶとき、「好きな本を選んでいいよ」と言っても、本を読み慣れている子でない限り、どこからどう選んだらいいか、戸惑ってしまうかもしれません。

そのときは、シリーズ化された本が並んでいる棚を選び、「この棚の中から自分の好きな本を選んでごらん」というように、範囲を狭めると選びやすくなります。

図書館などでは、子供が興味がありそうなジャンル、たとえば動物の話とか、料理の話とか、スポーツの話とか、子供が読みたくなるような棚を選んであげます。

また、**怖い話や気持ち悪い話は、どの子も強い関心を持ちますが、本当に子供が読**

みたい本とは限りません。子供は本来、明るいこと、楽しいことが好きなものです。感受性の高い子には、こういう話はかえってマイナスになることがあります。

大事なことは、その話の中に、ヒューマニズムが流れているかどうかです。できるだけ明るいもの、人間性の感じられるもの、読後感がさわやかなものを選んでいくのが大切です。

書店や図書館で子供が本を選んだら、親は中身をパラパラとめくって確かめてみるといいと思います。子供は、表紙や題名だけで本を選びます。中身がその子の読む力にふさわしいかどうか、親が簡単に見てあげる必要があります。

小学生向けにシリーズ化された本であっても、全部の漢字にルビが振ってあるものと、一部の漢字にしかルビが振ってないものとがあります。優先するのは、もちろん**全部にルビが振ってある本**です。

いろいろな本を読んでいるうちに、この作者のものは続けて読みたいとか、このシリーズのものは全部読みたいとかいう好みの本が出てきます。こうなると、読書習慣はほぼ確立してきたと言えます。

絵本

まだ長い文章を読み慣れない子は絵本から。小学生にも楽しめる内容の絵本を紹介。読み聞かせにも最適。

ぼくのおふろ

鈴木 のりたけ／作・絵
PHP 研究所　1200 円

迷路に電車、空飛ぶおふろ…。あったらいいな!のいろいろなおふろが出てきてワクワクする。鈴木氏の絵本には他に『ぼくのトイレ』『す～べりだい』『とんでもない』など。

まりーちゃんとおおあめ

フランソワーズ／作・絵
きじま はじめ／訳
福音館書店　1200 円

降り続く雨の中、洪水で孤立してしまった、まりーちゃんの家。船で助けてもらったり、動物たちと山に避難したり、洪水の体験が深く心に残る。おおらかで明るい色彩の絵がいい。

それならいいいえありますよ

澤野 秋文／作・絵
講談社　1400 円

怠け者で家を散らかし放題のぎんた。ある朝、野良猫ちゃまるの後をつけてみると、なんと新しい家を動物たちに紹介する仕事をしていて…。昔話的な教訓も入った楽しい物語。

給食番長

よしなが こうたく／作・絵
好学社　1500 円

「嫌いなものなんか残しちゃえ!」。番長のいるクラスは好き嫌いばかり。悲しんだ給食の先生たちは家出をしてしまい…。博多弁バイリンガル絵本。他に『あいさつ団長』『おそうじ隊長』なども。

いいから いいから

長谷川 義史／作・絵
絵本館　1200 円

「いいから いいから」というおじいちゃんの言葉で、肩の力が抜けていく優しい絵本。随所に出てくるおおらかな言葉にも思わず笑顔がこぼれる。全4 作シリーズ。

おはぎちゃん

やぎ たみこ／作・絵
偕成社　1200 円

縁側からおはぎがひとつころころ。そのおはぎの赤ちゃんをカナヘビ夫婦が育てることに…。庭の虫たちや草花をどこか懐かしいタッチで描く。やぎ氏には他に『ほげちゃん』など。

キュッパのはくぶつかん

オーシル・カンスタ・ヨンセン／作・絵
ひだに れいこ／訳
福音館書店　1300円

北欧発。キュッパは、ものを集めるのが大好きな丸太の男の子。集めたものを分類して、博物館に展示して。片づけのヒントだけでなく、芸術や科学への一歩まで示唆してくれる。

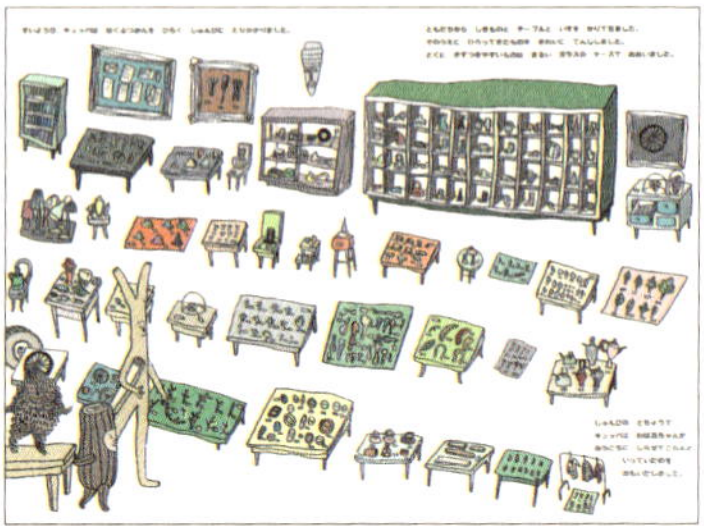

ぼくがあかちゃんだったとき

浜田 桂子／作・絵
教育画劇　1200円

6歳の誕生日、お父さんが僕が赤ちゃんだったときの話をしてくれた。生まれたばかりの僕、おっぱいを飲む僕、初めて立った僕…。「赤ちゃんの頃」を話すきっかけに。

まめうし

あきやま ただし／作・絵
PHP研究所　1070円

豆粒くらいの小さな子うし「まめうし」の冒険いっぱいの毎日を描く。お花の上でお昼寝をして、ねずみくんを車がわりに…。あきやま氏には他に『へんしんトンネル』など。

いちにちぶんぼうぐ

ふくべ あきひろ／作
かわしま ななえ／絵
PHP 研究所　1200 円

クリップ、下敷き、鉛筆削りにホッチキス…。いろんな文房具になって、その大変さを体験するという、子どもの想像力を刺激する1冊。他に『いちにちおばけ』など。

八郎

斎藤 隆介／作　滝平 二郎／絵
福音館書店　1200 円

大男の八郎は、荒れた海に頭を悩ます村人を助けようと、渾身の力で山を動かし、海に入り、水をせきとめる。秋田弁で描かれた文章に、力強い版画が迫力を与える名作。

十二支のおはなし

内田 麟太郎／作　山本 孝／絵
岩崎書店　1200 円

お正月、神様のところへ挨拶に行くことになった動物たち。誰が一番に到着するのかな?干支を楽しく学べる。キャラクターの濃い十二支の動物たちが見どころ。

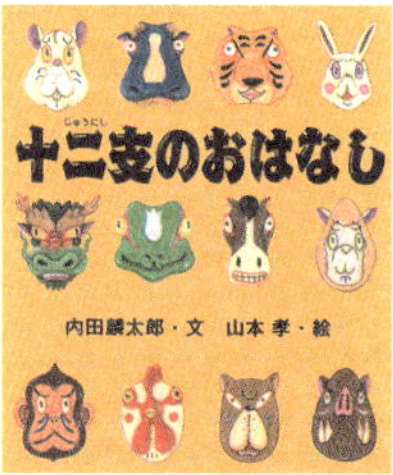

たかこ

清水 真裕／作　青山 友美／絵
童心社　1300 円

平安貴族のたかこが転校生としてやってきた。琵琶をならしたり、筆と硯を使ったり…。「こころやすくならむ」などの大和言葉が楽しい。個性を認め合うことの大切さを伝える。

としょかんライオン

ミシェル・ヌードセン／作
ケビン・ホークス／絵
福本 友美子／訳
岩崎書店　1600 円

静かな図書館にライオンが現れ、周りは大慌て。でもすぐにみんなと仲良しに。ところがある日ライオンは事件を起こしてしまい…。深い感動を呼び世界中で人気の絵本。

ウエズレーの国

ポール・フライシュマン／作
ケビン・ホークス／絵
千葉 茂樹／訳
あすなろ書房　1400 円

仲間はずれにされていた少年が、夏休みの自由研究で「自分だけの文明」を作り出す。秘密基地にとどまらず、作物を育て、服を作り、文字まで発明して…。絵が美しい。

おおきなかぼちゃ

エリカ・シルバーマン／作
S.D. シンドラー／絵
おびか ゆうこ／訳
主婦の友社　1200円

畑の大きなかぼちゃに悪戦苦闘する魔女。幽霊や吸血鬼、ミイラが手伝ってもびくともしない。そこへ知恵者のコウモリがやってきて…。ハロウィンに何度も読みたくなる。

とべ バッタ

田島 征三／作・絵
偕成社　1400円

恐ろしい天敵から身を守るため、小さな茂みに隠れて住んでいたバッタ。一大決心をして、大空に向かって飛んでいく姿に力強さを感じる。バッタの迫力ある絵も魅力的。

わんぱくだんのにんじゃごっこ

ゆきの ゆみこ・上野 与志／作
末崎 茂樹／絵
ひさかたチャイルド　1000円

わんぱくだんシリーズ。忍者ごっこの途中、宙返りに失敗して崖から転げ落ちたら、そこは昔のお侍の世界。天守閣にとじ込められたさくら姫を助け出せ！ 忍者の世界を体感。

児童書

低学年から読める児童書を紹介。文字が大きく、漢字にはふりがながついている。シリーズ物が多いので続きをどんどん読むといい。

吉四六さん（寺村輝夫のとんち話）

寺村 輝夫／作　ヒサ クニヒコ／絵
あかね書房　1000円

吉四六《きっちょむ》さんのとんち話。家の庭の柿の実をひとり占めする方法を思いつくが、はたしてその方法とは…。なんともとぼけた感じの吉四六さんがおもしろい。13の短編。

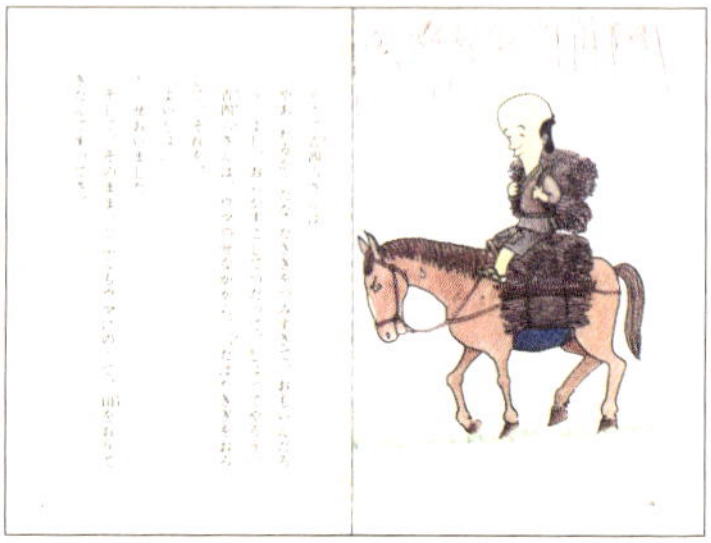

ぼくはめいたんてい きえた犬のえ

マージョリー・W・シャーマット／作
マーク・シーモント／絵
光吉 夏弥／訳
大日本図書　1200円

主人公ネートが、するどい推理力で次々と事件を解決する名探偵シリーズ。仲良しアニーが描いた犬の絵が消えた!? 展開を頭に描きながら楽しく読み進められる。

ロボット・カミイ

ふるた たるひ／作
ほりうち せいいち／絵
福音館書店　1300円

紙のロボットのカミイは、いたずらでわがまま。周りの友達はてんてこまい…。みなで話し合って問題を解決するのが見どころ。ふるた氏には他に『おしいれのぼうけん』も。

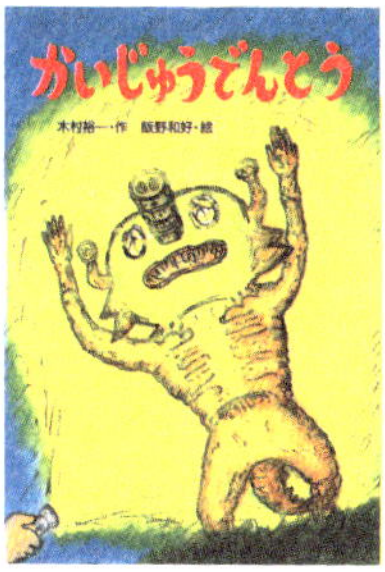

かいじゅうでんとう

木村 裕一／作　飯野 和好／絵
あかね書房　1100円

拾った懐中電灯をつけると、優しくてちょっと頼りない怪獣が出てきた! 「〜びゃ」という怪獣の喋り方、「かいじゅうでんとう」というタイトルもユーモラス。

しっぱいに かんぱい!

宮川 ひろ／作　小泉 るみ子／絵
童心社　1100円

「かんぱい!」シリーズ。達也のおねえちゃんは、小学校最後のリレーで失敗してしまう。そこにおじいちゃんから電話がかかってきて…。失敗した子どもたちを励まし勇気づける本。

ドラゴンはキャプテン

茂市 久美子／作　とよた かずひこ／絵
国土社　1200円

ドラゴンシリーズ。ドラゴンがさらわれ、秘密の呪文が盗まれ、町にむらさき色の雨がふるようになった。はたして思いがけない犯人の正体とは…!? とよた氏のかわいい絵がいい。

まほうのじどうはんばいき

やまだ ともこ／作　いとう みき／絵
金の星社　1100 円

学校の帰り道に見つけた、不思議な自動販売機。ボタンを押すと、そのとき必要なものが何でも出てくるが…。少年の成長ストーリー。読売童話コンテスト優秀賞受賞作。

かいぞくポケット 1 なぞのたから島

寺村 輝夫／作　永井 郁子／絵
あかね書房　1000 円

不思議な白ねこの呪文で、海賊のおかしらになったポケット。子分たちを従えて宝探しの航海へ!とくに男子に人気のシリーズ。『ぼくは王さま』の寺村氏のユーモアが随所に。

がっこうかっぱのイケノオイ

山本 悦子／作　市居 みか／絵
童心社　1200 円

朝の会のスピーチが嫌いな僕。ある日、同じような気持ちでいる友達3人と池でカッパを捕まえた。ひょんなことから池の中に招待され…。学校っていいなと思わせてくれる本。

キャベたまたんてい かいとうセロリとうじょう

三田村 信行／作　宮本 えつよし／絵
金の星社　1100 円

人気シリーズ。キャベたまたんていは、怪盗セロリが狙う世界一のダイヤを守るためレタス城へやって来た。セロリの正体は意外な人物で…。謎解きと楽しい絵で読みやすい。

ふらいぱんじいさん

神沢 利子／作　堀内 誠一／絵
あかね書房　900 円

真っ黒なふらいぱんじいさんは、ある日、新しい世界を求めて旅へ出発。嵐にあったり、ジャングルで動物に会ったり…。表題作の他全4 編。神沢氏には『くまの子ウーフ』が。

クレヨンマジック

舟崎 克彦／作　出久根 育／絵
鈴木出版　1200 円

奇妙だけどユーモアあふれる、なんとも不思議で魅力的な舟崎ワールド。言葉遊びや九九が出てきたり、ちょっとしたゲームのようになっているのも子ども心をつかむ。

10歳までに読みたい世界名作 2 トム・ソーヤの冒険

横山 洋子／監修　マーク・トウェイン／作　那須田 淳／編・訳
学研　880円

世界の名作を、低学年でも楽に読める大きな活字、今時なタッチの挿絵で編訳するシリーズ。1章が短く、短時間で読み切れる。他に『赤毛のアン』『宝島』など。

ペンギンたんけんたい

斉藤 洋／作　高畠 純／絵
講談社　1100円

「ペンギン」シリーズ。カヌーに乗って南の島にやってきたペンギン探険隊。ライオンやワニに会っても知らん顔。何を探険するのかな…。『ルドルフとイッパイアッテナ』の著者。

教室はまちがうところだ

蒔田 晋治／作　長谷川 知子／絵
子どもの未来社　1500円

「教室はまちがうところだ みんなどしどし手をあげて まちがった意見を言おうじゃないか―」蒔田氏の詩が絵本に。教室で手を挙げられない子に小さな勇気が出る1冊。

どこかいきのバス

井上 よう子／作　くすはら 順子／絵
文研出版　1200 円

お母さんとケンカして家出した僕の前に現れた、どこかいきのバス。乗ってみると、姿形を変えて無人島まで連れて行ってくれた。その正体とは…？子供が共感できるストーリー。

幽霊屋敷レストラン（怪談レストラン）

松谷 みよ子／責任編集
怪談レストラン編集委員会／編
たかい よしかず／絵
童心社　600 円

人気シリーズ。テープレコーダーを持って幽霊屋敷に入ったら、幽霊の声が入っていた！背筋がぞっとする怖い話が13 編。1話が短めで読みやすい。他に『魔女のレストラン』など。

ルルとララのようこそタルト

あんびる やすこ／作・絵
岩崎書店　1000 円

メープル通りにあるルルとララのお菓子屋さん。物語と一緒にレシピも紹介されているので、お菓子作りも楽しめる。シリーズには他に、ホットケーキやシャーベットなども。

いろいろな本をたくさん。同じ本を何度も

すり減るほど読む1冊ができたら大成功

本の読み方には、多読と精読があります。

読み慣れるとか、読むスピードをつけるとか、読書の楽しさを味わうといった点では、たくさんの本を読む多読は効果的です。

しかし、国語力をつけるとか、思考力をつけるとか、高度な語彙力をつけるという点では、くり返し読む精読が大切です。

読書力のある子は、新しい本を1回しか読まないという読み方ではなく、好きな本を何度もくり返し読むような読み方をしています。

お父さんお母さんの中には、「同じ本ばかり読まないで、もっと別のいろいろな本を読んでほしい」という人もいますが、そういう必要はありません。

本をあまり読まない子ほど、「1回読んだからいい」と、同じ本を二度三度くり返し読もうとはしないものです。

英語学者であり評論家でもある渡部昇一氏は、子供の頃、友達が本を一度しか読まないということを知って驚いたという経験を書いています。

渡部氏は、その頃読んだ少年講談という本で、好きなものは10回も20回も読み、「三国志物語」などはページをめくるところがすり減るほど読んだということです。

読書の好きな子は、同じ本を何度もくり返し読み、細部の描写まで読み込んでいることがあります。それは、**読書の広さだけでなく、深さも伴った読み方**をしているということです。

自分の好きな本を読む中で、その本の内容が頭に入るだけでなく、その子のものの見方や考え方も形成されるのです。

最後まで速く読み切る力は入試にも必須

精読は「じっくりゆっくり読む」ということではありません。遅い読書ではなく、むしろある程度の速さで最後まで読み切り、それを何度もくり返し読むという読み方です。

本というものは、最後まで読んで初めて全体像が頭に入ります。**最後まで読み切ることで、途中までのわかりにくかったところもわかるようになる**のです。最初からじっくり読んで、なかなか最後まで行かないと、その本の全体像がかえってつかめなくなります。

まず最後まで読み、そのあとに、必要に応じてくり返し読むという読み方がいいのです。これが、「読書百遍意自ずから通ず」という読み方です。

これは、国語の文章題を解くときも同じです。とくに入試の問題文は、最初のところがわかりにくくなっていて、最後のところまで来ると初めて全体の話がわかるという作りになっているものがよくあります。

読むことに慣れていない子は、この最初のところを理解しようとして、時間をかけてしまうことが多いのです。


子供には、まず多様なジャンルの本を読む機会を作ってあげることです。その中で、子供がくり返し読むような本が必ず出てきます。すると、それを親は温かく認める言葉をかけてあげるのです。

「○○ちゃん、その本好きなんだねえ」

そういう声かけを何度もしていると、子供はくり返し読むことがいいことだと受け取るので、さらに同じ本をくり返し読むようになります。

いろいろな本をたくさん読みながら、その一方で、特定の本を何度もくり返し読む、この多読と精読の組み合わせが読書力を育てるのです。

「説明文」の本を読むと、本当に頭がよくなる

「高校の現代文で成績が落ちた……」

あるお母さんから、ご自身のこんな話を聞きました。

「中学校までは読書だけで国語の成績がトップだったのに、高校に入ってから現代文となり、がくんと成績が落ちた。大学受験でも苦戦した……」

「あんなに本を読んだのに、意味がなかった気がする。読書が勉強に通用するのは、中学生まではないか」

こうしたケースはよく耳にします。何が原因かというと、同じ読書でも、**「物語文」の本ばかり読んできて、「説明文」の本をあまり読んでこなかった**ということです。

説明文の本とは、自然科学、社会科学、人文科学、人生論などの本のことです。こ

うした本を読む力は、高校の現代文を読む力に直結します。国語力が左右されるのは、主に論説文だからです。

このお母さんも、「たしかに説明文の本は、まるで読んでいなかった」と納得したようでした。

説明文の本のおもしろさは、単に新しい知識を得るというおもしろさではありません。すでによく知っているつもりの日常生活の中に、新しい理解の仕方があることを知るという発見のおもしろさです。

ある事柄を知るだけでなく、その事柄の背景や構造を知るおもしろさなのです。物語文の本が空想的、感情的なおもしろさだとすれば、説明文の本は現実的、思考的なおもしろさです。

こういうおもしろさを味わっていると、**次第に考えることが好きになり、自然に頭の構造化も進みます**。だから、物語文の読書が心を豊かにする読書だとすれば、説明文の読書は頭をよくする読書とも言えます。

楽しい物語文の本を読みながら、知的なおもしろさのある説明文の本も読む。読書には、この両輪が大切なのです。

自然科学や伝記などの文章に慣れておく

日本の児童図書の世界は充実していますが、物語文の本が多く、説明文の本が少ないという傾向があります。説明文の本は、書き手にとってかなり難しいことを要求するからです。

よい説明文は、ただ知識を羅列するだけでなく、その知識の背後にある構造を理解させてくれます。それを子供にもわかりやすく、しかもおもしろく、美しい表現で書くというのは、かなり高度な仕事で、しかしあまり報われない仕事です。

日本の児童図書に小学生が楽しく読める説明文の本が少ないので、言葉の森では以前、小学1～3年生の児童が毎週音読できる、1000字程度の長文を1年間分作ったことがあります。

そういう長文を独自に作ることを考えるほど、日本には小学生が読むのにふさわしい説明的な文章の本が少なかったのです。

しかし、最近は、科学的な本でありながら、わかりやすくおもしろく書かれている本も次第に出てきています。

私が、これなら子供たちも楽しく読めそうだと思った説明文の本を、92ページからご紹介しておきます。

これから、子供たちが説明文の本のおもしろさを知るようになると、それにつれて優れた説明文の本ももっと出てくるようになるでしょう。

書店には説明文の本はあまり並べられてはいませんが、**図書館のノンフィクションコーナーを利用**すると、子供の興味に合った本を見つけることができます。

子供によって、電車の本、恐竜の本、昆虫の本など理科的な分野が好きな子もいれば、料理の本、服装の本、伝記の本など文化的な分野が好きな子もいます。好みは子供によってかなり違います。

図書館をうまく利用して、説明文の本と出会う機会を増やすようにしていくといいと思います。

なお、図鑑には説明的な文章も載っていますが、1冊を全部通して読むというよりも、項目ごとにビジュアルな助けを借りて眺めることが中心になるので、説明文の本の代わりにはあまりなりません。**図鑑は図鑑として活用するものであって、説明文の読書は図鑑とは別に考えていく**といいと思います。

図鑑とやや似ているのが学習漫画です。学習漫画は知識をコンパクトに整理するのには役立ちますが、これも説明文の読書の代わりにはなりません。

物語にはないリアルなおもしろさ

説明文の本の特徴は、現実と結びついているものが多いことです。

物語文の本は、おもしろいものであってもそれを現実に結びつけることはあまりありません。説明文と物語文では、楽しみ方が違うからです。

妖精が空を飛ぶファンタジーを読めば、自分もそんなふうに空を飛んでみたいと思うかもしれませんが、それを実験しようとすれば親に止められます。

しかし、説明文の本の場合は、分野によっては**すぐに実験して確かめられます**。おならに火がつくという本を読めば、早速お風呂場で試すことができるのが説明文の本の長所です。この場合も親に止められると思いますが。

読んだことを現実にあてはめ、現実の反応からより深く現実の多様性を知る機会を作るというのが、説明文の本の生かし方です。

そのひとつの方法として言葉の森が今行っているのが、読書実験クラブです。

これは、ウェブカメラの付いたパソコンを利用して、オンラインで子供たちが説明文の本に触れ、その本の内容をもとに家庭で自由に実験し、その実験を発表し合うという企画です。

こういうことが、自宅でいつでも気軽にできるようになるというのが、ネット時代の読書のいいところです。

「説明文」の本

科学や自然知識、ノンフィクションなどの本を紹介。絵本に近いものが読みやすい。子供が興味を持つジャンルで探してみたい。

理科好きな子に育つ
ふしぎのお話 365

自然史学会連合／監修
誠文堂新光社　2300 円

身近な自然の疑問から、研究者しか知らないとっておきの話まで、わくわくする不思議なお話が365 日分。1ページ完結で読みやすい。漢字には総ルビでイラスト豊富。

算数好きな子に育つ
たのしいお話 365

日本数学教育学会研究部／著
子供の科学／特別編集
誠文堂新光社　2300 円

「1 年のちょうど真ん中の日は何月何日?」「携帯の番号がわかる不思議な計算」など、算数にまつわる興味深いテーマが満載。算数が苦手でも楽しめる。

さかなクンの一魚一会

さかなクン／著
講談社　1300 円

さかなクンの自叙伝。トラック、妖怪そしてお魚!大好きなものに夢中になり続けてきた男の子は、大きくなってさかなクンに…。わくわくと感動がいっぱいの生き方の秘密。

なぜ?どうして?
みぢかなぎもん１年生

丹伊田 弓子／監修
学研　800円

「どうしてお正月にお年玉がもらえるの?」「犬が人をなめるのは?」など身近にある疑問を、楽しくわかりやすい絵と文で紹介。子どもが気になる質問40問にこたえる。

赤ちゃんのはなし

マリー・ホール・エッツ／作・絵
坪井 郁美／訳
福音館書店　1500円

赤ちゃん誕生の絵本。胎内での赤ちゃんの成長を、その始まりの始まりから、日を追い月を追って正確に伝える。赤ちゃんに興味を持ち始めたら読んでみたい。

こんな家にすんでたら

ジャイルズ・ラロッシュ／作・絵
千葉 茂樹／訳
偕成社　1600円

美しいペーパークラフトで、水上住宅など世界各地の特色ある家々を紹介した絵本。それぞれの家に住む人々の暮らしに想像が広がる。世界には驚くべき家がたくさん!

あさがお

荒井 真紀／作・絵
金の星社　1200 円

あさがおは自然の不思議に満ちた植物。美しい細密画で描かれているので、写真よりもリアルな一瞬を見ることができる。夏休みのあさがお観察に役立つヒントも。

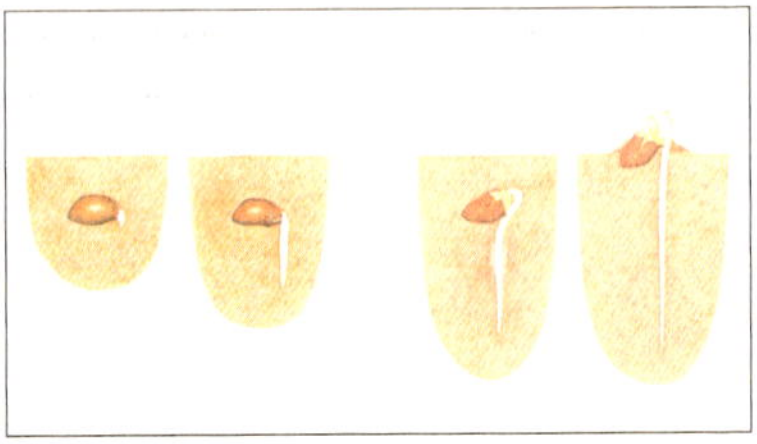

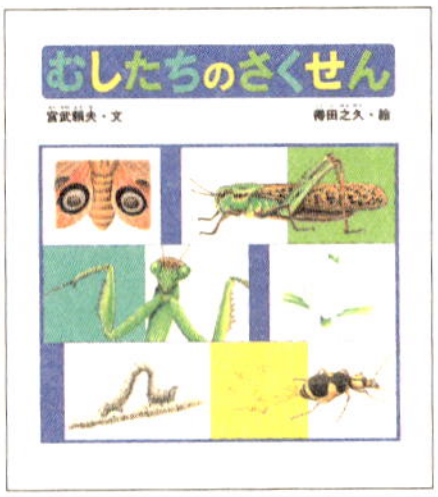

むしたちのさくせん

宮武 頼夫／作　得田 之久／絵
福音館書店　900 円

虫の体は周りの草や地面の色とそっくり。それは鳥やトカゲたちに食べられないための、かくれんぼ作戦。虫たちの生態を紹介する、図鑑のように楽しめる本。

たんぽぽ

平山 和子／作・絵　北村 四郎／監修
福音館書店　900 円

身近な植物たんぽぽ。夕方には花がとじるなど、知らなかった不思議がいっぱい。優しく繊細で、丁寧な絵も魅力的。「かがくのとも傑作集」には良書が豊富。

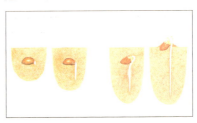

はなのあなのはなし

やぎゅう げんいちろう／作・絵
福音館書店　900円

さあ、おじいちゃんもゾウさんも、上を向いて鼻の穴を見せて！ユーモラスな絵と文で、鼻の役目を絵解き。他に『あしのうらのはなし』『きゅうきゅうばこ』なども。

かこさとし・ほしのほん 4 ふゆのほし

かこ さとし／作・絵
偕成社　1200円

星座や星々を神話や昔話をまじえて紹介。時刻や季節で星座が変わる理由や、銀河系のしくみなど、空の不思議がわかる。季節のものを1冊持って星空観察へ。

星座を見つけよう

H・A・レイ／作・絵
草下 英明／訳
福音館書店　1500円

ロングセラーの絵本。「おさるのジョージ」の作者が、星座の見つけ方を楽しく解説してくれる。星の名前や明るさ、季節ごとの星図など、宇宙のしくみが語り口調で描かれる。

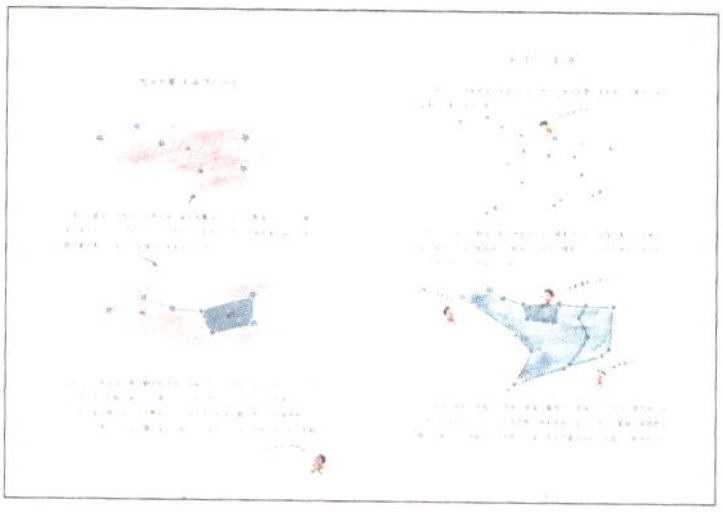

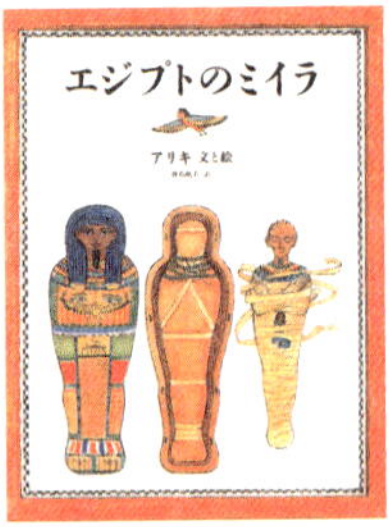

エジプトのミイラ

アリキ／作・絵
佐倉 朔／監修　神鳥 統夫／訳
あすなろ書房　1400 円

ミイラ作りの不思議に迫る絵本。大昔エジプトの人は何のため、どんな方法で、ミイラを作ったのか。絵と文でわかりやすく説明されており、大人も楽しめる。

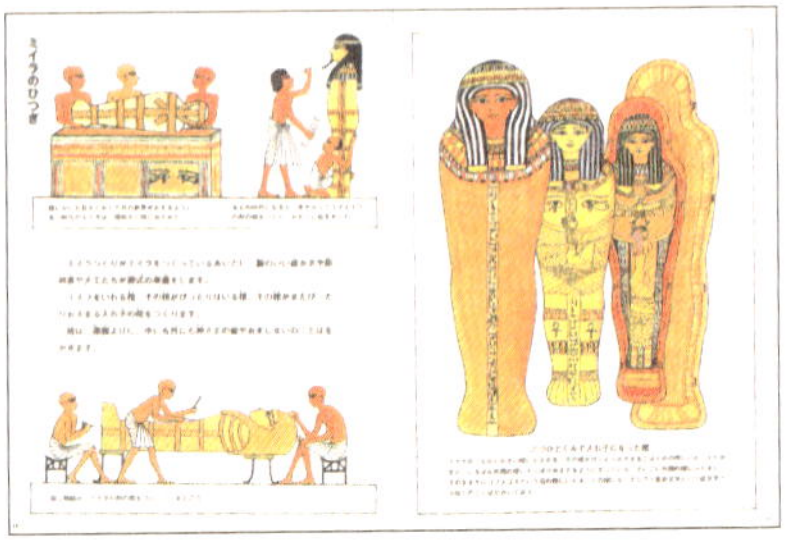

魔女図鑑

マルカム・バード／作・絵
岡部 史／訳
金の星社　2260 円

ファッションから、空飛ぶほうき、お菓子の作り方まで、魔女についてとことん詳しく紹介。ユーモアたっぷりの内容で夢がふくらむ。読み終える頃にはきっと魔女になれるかも!?

ドラゴン学

ドゥガルド・A. スティール／編集
今人舎　2800 円

ファンタジーあふれる、しかし真面目なドラゴンの研究書。世界の分布図から生態まで、ドラゴン好きにはたまらない1冊。他に『海賊学』『エジプト学』なども。

読書は習慣。1日10分でいいから続けたい

私が推奨する「10ページ読書」

先に述べたように、子供は「読むことが好きになるから読む力がつく」のではなく、「読む力がつくから読むことが好きになる」ものです。

読書は習慣です。習慣にするためには、毎日ある程度強制的に本を読ませることも必要です。

しかし、ここで、子供の頃に読書好きだったお父さんお母さんほど、次のように考えてしまうことがあるのです。「本は自然に読むようになるものであって、強制して読ませるようなものではない」と。

昔の牧歌的な時代は、たしかにその通りでした。しかし、**今は、子供の周りに読書**

以外の魅力的な誘惑があまりにも多いので、自然に任せて読書好きになるということは難しいのです。

初めて学校で「朝の10分間読書運動」が取り組まれたとき、「そんな簡単なことで子供が本を読むようになるなら、苦労はいらない」と多くの人が言いました。

しかし、実際に始めてみると、予想とは反対に全然苦労はいらなかったのです。朝の10分間という読む時間を決めるだけで、これまで本を読まなかった子も、自然に本を読むようになったのです。

この10分間読書運動を、家庭でも行うことができます。ただし、時間ではなくページ数を基準にした「10ページ読書」です。正確には、「10ページ（以上いくら読んでもいい）読書」です。

家庭での読書を、もし10分間というような時間で区切るようにすると、読んでいる途中に時計を気にして読書に集中できなくなります。また、ほかの勉強でも同じですが、時間を区切ってやる形の勉強は集中力が低下します。

一生懸命にやっても、遊びながらやっても同じ時間までやらなければならないということになれば、誰でも遊びながらやる方を選ぶからです。

ページ数は少しずつ増やしていけばいい

10ページという単位はきりがいいので、ここまで読むというわかりやすい目標になります。

また、子供向けの本の10ページなら、5～10分くらいで読み終わります。これくらいの分量なら、毎日読むことは苦痛でも何でもありません。

そして、本というものは人間を引きつける要素がありますから、10ページと決めて読んでいると、**必ず途中で止まらなくなって、もっとたくさん読む**ようになります。

読書が苦手なうちは、10ページぴったりでやめていても、読む力がついてくれば、自然に読む楽しさに目覚めてもっと長く読むようになります。

もちろん、自分で読み慣れないうちは、1ページからでもかまいません。

読書で大事なのは毎日ということです。2日に1回とか、週に3、4回ということではなく、毎日欠かさずに読むことが大事です。

なぜかというと、読書というものは毎日の習慣になると自然に読めますが、1日でも読む日がないと、そこで習慣が止まってしまうことが多いからです。

読書には、このような習慣化する性質があるので、子供の読書冊数についても、よく読む子と全然読まない子に二極分化します。読む子と読まない子がなだらかな曲線になるのではなく、読む子は毎日読むし、読まない子は全然読まないという分布になるのです。

子供に毎日欠かさず本を読ませるようにするには、**親も一緒に読む**という方法が有効です。

お父さんはテレビを見て、お母さんは台所で片づけをし、弟はおもちゃで遊んでいる、そんな環境の中で、ひとりだけ読書をすることはなかなかできないものです。

学校で自然に読書が進むのは、そこにグループみんなで取り組むという集団の力があるからです。他の人がやっているのを見ると、自然に自分もそれに同調しやすくなります。

だから、遊んでいる人がいれば一緒に遊びたくなり、本を読んでいる人がいれば一緒に読みたくなるのです。

たとえば夕食後や夜寝る前などに読書タイムを設け、家族全員で本を読むことにします。子育ての一環として、家族で本を読む時間を確保すれば、そこから親子の対話も増え、読書のある生活が家庭の文化として定着していきます。

読んだところに付箋を貼る

子供が本を読むときに、おすすめしているのが、読んだところに付箋をつけていくことです。

付箋はしおりの代わりにもなりますが、しおりと違うのは、その日に読み終えたページに毎回付箋を貼っていくことです。

毎日の付箋をはずさずに階段状にして、本に付箋を貼ったままにしておくと、自分の読んだ跡がわかるので、読書の励みになります。

本をよく読む子であれば、10ページではなく、学年の10倍を基準にします。

小学1年生なら10ページ以上、2年生なら20ページ以上、3年生なら30ページ以上、そして5年生以上は中学生も高校生も50ページ以上です。

毎日50ページ読むと、だいたい週に1冊から2冊読み終えます。

本の中には、読みがはかどる本と、読んではみたが難しくて、なかなか進まない本とが出てきます。

進まない本は、無理にがんばって最後まで読む必要はありません。付箋を貼ったところまでで続きは保留にして、別の読みやすい本に切り換えていいのです。

この付箋読書の方法を使うと、複数の本を同時に読んでいくことができるので、1冊を読み続けるより読書量が多くなります。

小3までに「本っておもしろい」と目覚められたら最高

あとは勝手に読んでいく

「本を読めること」と、「本を読むのが好きなこと」とは、似ていますが少し違います。本を読めるという子は、必要がなければ本を読まないことができます。本を読むのが好きな子は、本を読まない生活が考えられないほど好きなのです。

読むことが好きという感覚を作る、もっとも重要な時期が、小学1年生から3年生までです。

高校生以上になると、本を読まない子が急速に増えてきますが、この高校生時代の読書のもとになっているものが、小学生時代に本を好きになることなのです。

高校生で本を読んでいる子は、大学生になっても本を読み続けます。社会人になっても読み続けます。社会に出てからも本を読み続けられるかどうかが、その人の社会人としての成長を決める重要な要素になります。

社会に出て、やがて父親になり母親になっても本を読み続けていれば、その本を読む姿が子供に伝わります。本好きな子になる最初の土台が、本を読む親の後ろ姿なのです。

小学校低中学年のうちに読書の習慣をつけても、小学校高学年でひとつの難関が来ることがあります。それは、受験勉強に突入して本を読む時間がなくなってしまうことです。

本の好きな子は、大学入試の真っ最中でも、読む量はかなり少なくなるものの本を読み続けます。高校入試も、中学入試も同じです。どんなときでも、短い時間でいいので、読書をする習慣だけは絶やさずに続けておくといいのです。

読書家は顔つきが違う

昔は、学校から家に帰る道の途中に本屋さんがあり、そこで立ち読みをして帰るというようなことがよくありました。だから、毎日本屋に立ち寄ることが習慣になっている子も多かったのです。

今は、そういう立ち読みのできる本屋さんも少なくなりました。その代わり、将来は、子供にネット書店にアクセスできる端末を渡し、そこで毎日立ち読みができるようにするという時代が来ると思います。

それまでは、家庭で毎日、本を読む習慣をつけておく必要があります。毎日、本を読んでいれば、本を開くことが習慣になりますが、1日でも本を読まない日があると、本を開く習慣から遠ざかるようになります。これは、大人でも同じです。

本を読む生活を続けていると、顔つきがきりりと引き締まってきます。読書の生活は、顔にも出てくるのです。

読書の生活が、表に出てくるもうひとつのものがあります。それは作文です。作文に書くことがない、またはなかなか書けないという子は、読書をしていないからということが多いのです。

読書というインプットがあれば、作文というアウトプットがしやすくなります。

読書は、あるときにたくさんしたから、あとはしなくてもいいという性質のものではありません。毎日わき出る泉のように絶えず供給されるから、川になり水が流れ、その水の流れがその子の生活を潤すようになるのです。

電子書籍にはメリットがいっぱい

読書の好きな子は、わずかな隙間時間も生かして本を読みます。電車を待つ数分の間に、数ページ本を読むという読み方が自然にできます。

だから、どこに出かけるときも本を持って行きます。本の好きな子は、スイミングスクールに行くときも、ピアノ教室に行くときも、ディズニーランドに行くときも、かばんの中に本を携えて行きます。

ちょっとした時間に、ちょっとだけ本を読むということが、読書量の大きな差になっていきます。

読書の習慣作りという点では、これからは、電子書籍端末の活用がもっと考えられるようになると思います。

今、読書の好きな大人は、紙の本で読書が好きになり習慣がついた成功体験があるために、その成功体験が邪魔をして、電子書籍のような情報端末の活用に乗り遅れることがあります。

電子書籍端末には多くの利点があります。

・軽くて持ち運びしやすい
・一度に何十冊でも何百冊でも入れておける

・必要な箇所に傍線を引いたり書き込みをしたりできる
・目で読むだけでなく、音声で聞くことができる
・日差しの明るいところでも、暗い布団の中でも楽に読むことができる
・わからない言葉の意味を、辞書がなくても調べることができる
・他の人がどういうところに傍線を引いているのか、全体の傾向を見ることができる
・文字の大きさが自由に変えられる
・購入した本を、スマホやパソコンや他の情報端末に同期させて読むことができる

こういう新しい読書環境の情報を共有するためにも、子供を読書好きにすることを考える親のネットワークのグループに参加しておくといいと思います。

第3章

後伸びする低中学年の勉強法

家庭学習は最低限。でも毎日確実に

計算と漢字の書き取りだけは訓練が必要

この時期の勉強の中心は読書であり、あとは自由な時間にたっぷり遊ばせることが大切だと述べてきました。

ただし、机に向かってする勉強がまったくいらないという意味ではありません。それは、学校の勉強時間だけでは練習量が不足するものがあるからです。その代表となるものが計算と漢字です。

国語の力は、読書をすれば自然に身についてきます。「読書百遍意自ずから通ず」という言葉のように、難しい文章でもくり返し読むと、自ずからわかるようになる面があります。

一方、算数は約束事の世界です。解き方のルールを理解して習熟すれば、誰でもできるようになります。しかし、反対にそのルールを知らないと、問題をいくら眺めていても解けるようにはなりません。

とくに小学校低学年のうちは、単純な計算問題が主ですから、**算数のできる・できないは、解き方を習得しているかどうかがすべて**になります。

たとえば、「筆算は位をそろえて計算する」とか、「分数の足し算は、分母はそのままで分子だけを足す」ということは、自然に身につくものではなく、ルールを理解して初めて身につくものです。

算数の力をつけるには、毎日の家庭学習によって計算練習をし、解き方のルールに慣れておくことが必要になります。

算数が苦手という子は、数字センスがないなどということではなく、単にある部分で解き方のルールを正確に習得していないところがあり、そこにつまずいただけのことが多いものです。

算数は苦手にならないことを目的にして、読書とは別のもう一本の勉強の柱として取り組んでいきましょう。

薄い問題集を1冊くり返す

算数の計算と同様に、漢字の書き取りも練習が必要です。

漢字の読みは、読書量に比例します。しかし書き取りの方は、練習量に比例します。

低学年の頃に習う漢字は簡単なものが多いのですが、なんと言ってもけっこうな数があります。1年生で80字、2年生で160字、3年生で200字です。

学校では、漢字のテストはしますが、練習の時間まではなかなかとれません。練習は家庭でやっていくものです。

今は、豊富な教材が手に入る時代ですから、つい、いろいろなものをそろえ、次々と新しいものを子供にやらせたくなってしまいます。しかし、それはあまり能率のよくない勉強の仕方です。

薄い1冊の問題集を選び、それを何度もくり返し練習していくことが勉強の基本です。

問題集に書き込んでしまうと何度も使えないので、**ノートに答えを書く**ようにするといいでしょう。問題集には○と×だけつけるようにします。

ある家庭では、**同じページを何枚もコピー**して、子供にやらせていました。それもひとつの方法です。

学校の宿題をしていれば大丈夫？

機械的な作業になっていることも

家庭学習というと、「学校から出る宿題を毎日やっているから、それでいいのではないか」と思う人も多いと思います。

たしかに宿題があると、勉強はやりやすくなります。しかし、**宿題は誰にも同じように出されることが多く、その子のレベルに合わせて出されることはあまりありません。**

子供が毎日宿題をしていると、ちゃんと勉強しているように見えて親は安心してしまいますが、よく見てみると、ただマス目を埋めるだけの機械的な作業としてやっているようなことも多いのです。

また、この宿題中心の勉強が続けられるのは低学年のうちまでです。学年が上がり勉強の内容が複雑になると、ある分野はよくできるが、別の分野はあまりできないという個人差が出てきます。そうなると、学校側では一律の宿題は出しにくいので、勉強は家庭に任せるようになっていきます。

すると、それまで宿題に頼って勉強していた家庭では、家庭学習のノウハウの蓄積がないため、何をどう勉強したらいいかわからなくなってしまうのです。

小学校低学年のうちから宿題中心の勉強をしてしまうと、家庭学習の仕方がわからないので、自分なりの勉強に切り換えることがなかなかできません。

中学生や高校生になり、勉強がよくできる生徒は、実は家庭での自分なりの勉強を中心にしています。宿題中心の勉強と、自分で立てた計画中心の勉強とでは、能率のよさがまるで違うからです。

だから、小学校低学年のうちから、宿題とは別に独自の家庭学習をしていくのが大切です。主食は家庭で独自に決めた勉強、副食は宿題という位置づけです。

最初は手間がかかるように見えても、軌道に乗れば家庭独自の勉強の方がずっと続けやすくなります。

小学1年生のうちから家庭学習の習慣をつけておけば、学年が上がっても家庭学習を続けられます。小学4年生頃になってから急に家庭学習をさせようと思っても、子供が抵抗してなかなか進められないことがあります。

親が机にプリントを並べてお膳立て…

学習の理想は、子供自身による自学自習です。与えられたやり方で勉強するのではなく、自分自身で何をするか考え、勉強するという形です。

そのスタートが小学校最初のこの時期になりますが、教育熱心な親ほど気をつけたいことがあります。それは「手間をかけすぎないようにする」ということです。

ある家庭では、子供が音読が苦手なので、お母さんが一緒にお風呂に入るときに、水で濡れないように音読教材のカバーを手作りして一緒に読んであげていました。

微笑ましい光景ですが、それが毎日のことになると、**「お母さんが風邪を引いてお風呂に入れなかったから、今日は音読ができなかった」**などということになります。

だから、勉強は、子供が自分ひとりでやれるような手順を作ってあげることが大切です。

たとえば、プリントやドリルを毎日するというような場合、親はたいていそれを引き出しから取り出して机に並べ、お膳立てしてあげることが多いと思います。そして、子供が問題を解いたら○×をつけ、シールを貼ってあげ、元の引き出しにしまうようなことまでする場合もあります。

「準備と片づけはお母さん（お父さん）がするから、あなたは勉強だけをしていなさい」とまでは言わないものの、そういう親の手助けで勉強をさせてしまう家庭が多いのです。

最初のうちはそれもやむを得ない面があります。子供に「勉強は、自分のためにしているんだよ」と言っても、本当のところは理解できません。子供は、自分のためではなく、親のために、親が喜ぶから勉強をしています。親が一緒にいてくれるから、勉強にも張り合いが出るのです。

しかし、親の手助けを必要とするやり方を続けてしまうと**「勉強は親にさせられるもの」という感覚**になり、かえって自学自習の習慣がつきません。

○つけまで自分で

遠回りのように見えても、子供がひとりでやれるような手順を説明してやらせる方が、自分で勉強する力がつきます。

子供が自分で勉強するのに慣れてきたら、親は子供の勉強を見守るだけにします。つきっきりになるのではなく、子供に何かを聞かれたら、すぐに答えられるくらいの位

置にいて、子供に時々目を向けながら、親は読書でも片づけでも自分のしたいことをしていればいいのです。

子供の勉強が終わったら、勉強の結果を見せてもらい、どんなことをしたのか子供に教えてもらいます。ちょっと難しい問題があれば、子供にその解き方を説明してもらいます。

そのときの子供の説明がたとえわかりにくいものであっても、子供が一生懸命説明しようとしていれば、それは子供にとってわかっていることですから、親はただ感心して聞いていればいいのです。

子供が自分で○×をつけるようにすると、採点を甘くしないとか、○×をつけたあと×のところを自分で理解できるようにするとか、いろいろな注意が必要になります。だから、最初は手間がかかるでしょう。

けれども、**ここで自分でするしくみを作っておけば、あとはずっと楽になり、小学4年生以降も親が言わなくても自分で勉強する習慣が続く**のです。

「少なすぎる」くらいがちょうどいい分量

1日1枚でかまわない

学校から宿題が出ているのに、さらに家で他の勉強をさせるのは子供に負担ではないかと思う人もいるでしょう。担任によっては、毎日たくさんの宿題を出す先生もいるからです。

宿題がたっぷりあるうえに、さらに家庭で独自の勉強をさせられたら、子供には苦痛になるかもしれません。

家庭学習の目的は、自分でする勉強の習慣作りです。だから、**勉強の量は楽にできるぐらいに抑えておく**ことです。計算と漢字書き取りのドリルをそれぞれ1ページずつなど、すぐに終わる分量でいいのです。

そして、どのくらいの量をやるかは「1日30分」などと勉強時間を決めるのではなく、「1日○ページ」と分量で決めることが重要です。

子供が大きくなり、自分の意思で、「1日の勉強時間の目標を○時間とする」というのはいいのです。しかし、自分以外の人、たとえば親が決めた勉強時間の場合は、子供は中身よりも時間に関心が向くので、与えられた時間内でできるだけ密度薄く勉強していこうと思うようになります。

それは、たとえば楽にできる易しい問題を何時間も解くというような勉強の仕方です。傍から見ていると、休みなく鉛筆を動かしているので、一生懸命勉強しているように見えますが、新しく身につくようなものはわずかです。

勉強でも遊びでも、大切なのは密度です。時間を長くしようとすれば、密度は自然に薄くなります。すると、密度の薄いことが普通の生活習慣になってしまうのです。

小学生の家庭学習の目安は「学年×10分」などと言われますが、それにとらわれる必要はありません。その子が集中して取り組めそうな時間をもとに、時間ではなくページ数などで勉強の量を決めておくといいのです。

早く終わっても追加は厳禁

勉強を時間ではなくページ数で決めていると、子供は集中してその問題をやり終え、あとは自由に遊ぼうという前向きな気持ちで取り組みます。

すると、15分ぐらいかかると思っていた勉強が、5分もたたずに終わってしまうというようなことも出てきます。そのときに、決してしてはいけないことは、

「そんなに早く終わるんだったら、もうひとつこれもやろう」

と、勉強の追加をしてしまうことです。

何度かこういう勉強の追加があると、子供はやがて集中力のある勉強の仕方をしないようになります。**集中すると、それだけ損をすると思ってしまう**からです。

子供が予想以上に早く勉強を終えてしまったときは、決して追加はせず、切り上げることが大切です。

「よかったね。じゃあ、あとはたっぷり遊びなさい」

と、子供の努力を認めてあげることです。

こういう対応をしていれば、子供は勉強に対して、「人からやらされるもの」ではなく「自分から前向きに取り組むもの」というイメージを持つことができるのです。

帰りが遅くなった日は1問でも

勉強の量は、ほんの少しでもかまいません。ただし、毎日欠かさずに続けることが重要です。習慣は毎日続けることによって、ついてくるものだからです。

「朝ご飯前に勉強する」「夕方、テレビを見る前に勉強する」などと決めたら、平日も土曜日も日曜日も同じような時間に起きて、同じような勉強をし、その同じような生活を毎日の習慣にしていくといいのです。

とくに、**朝ご飯前の勉強は、習慣にするといろいろな点で有利**です。1日を過ごして帰ってきた夕方と違い、朝は頭も冴えていますから、より集中して勉強に取り組めます。

学年が上がると、学校から帰る時間や夕方の時間は、いろいろと変動が出てきます。

そのため、夕方は予定していたことができなくなることもあり、家庭での勉強の習慣も崩れやすくなります。朝は、そういう変動に影響されない貴重な時間です。

早起きは、昔も今も三文の得なのです。


しかし、日によっては同じようにできないこともあります。どこかに旅行に出かけた、風邪を引いて寝込んでしまった、夕方に近所のお祭りに行ったといったときです。

順調に行っていた家庭学習の習慣が頓挫することがあるのは、この例外が何日か入ったあとなのです。

これを避けるには、「今日は、こういう理由で毎日やっていることができない」と言い、

例外を例外とはっきり認識させることです。

そして、十分にはできないまでも、無理でなければ、たとえその何分の一かでも形だけ決めたことをやるようにするといいのです。**「この1問だけ問題を解こう」「1文字だけ漢字の書き取りをやろう」「1ページだけ本を読もう」**といった具合です。

よくないのは、その日にできなかった分を翌日にくり越して取り戻すことです。「今日できなかった分は、明日やろう」ということにすると、すぐに他のことも「明日やればいい」という考えを持つようになります。

そして、**1日に2日分をやるのは大変なので、明日もくり越しになり、**くり越しが3日分になり、4日分になり、最後にはできなくなってしまう、となるのです。

その日にやると決めたことは、短くなっても形だけでもいいからその日にやる。そして、その日にできない場合は、理由をはっきりさせ、その日はできなかったことにして、ほかの日にくり越したりせずにそこで終わらせる。

こういう勉強の仕方で集中力が育ってくるのです。

難問や先取りは勉強嫌いになるだけ

この時期のハイレベル問題は人工的

毎日の家庭学習の分量は少なめにするのと同様に、「難しいことをやらせすぎない」のも大切です。

親は、読書では難しい本を読ませすぎになることが多く、算数の勉強では難しいことをやらせすぎになることが多く、勉強時間では長い時間をかけすぎになることが多く、子供を限界まで引っ張って成長させようとしがちです。

親がちょうどいいと思う難しさや分量の半分くらいが、子供にとってはちょうどいいことが多いのです。

低学年のときに難しい勉強をしても、学力がつくわけではありません。それよりも、勉強が嫌いになることがあります。

というのは、低学年の頃の勉強の難しさは、人工的な作られた難しさであることが多いからです。

作られた難しさとは、次のようなものです。

「電車が駅に着くと、10人降りて8人乗りました。今、電車に15人乗っています。初めに何人乗っていましたか」

計算が難しいというのではなく、問題文が現在から過去にさかのぼる話になっているので、その文章を読み取ることが難しいのです。

この時期の勉強内容は、計算にしてもごく基本的なものなので、そこで**難易度を上げるには問題を複雑にするしかありません。**ハイレベルと言われる問題集の難しさは、こういう難しさです。

算数の難しい問題というのは、半分は算数の問題で、半分は国語の問題です。これをさらに難しい問題にしようとすると、国語の方を難しくするしかありません。それくらいなら、親子でお喋りをしている方がずっと国語力はつきます。

こうした問題ばかりしていると、子供は勉強がだんだん嫌いになってくることがあります。勉強というのは、意地悪な問題をやらされるものだという気がしてくるからです。

だから、問題集を選ぶなら、基本がしっかり学べるシンプルなものにしていくことが大事です。**子供が楽に解けるか、少し考えれば解ける程度のもの**です。それを毎日くり返していくことで、学力の基礎が作られるのです。

上の学年を先取りしても結局追いつかれる

先取りの勉強はあまり必要ないと述べました。しかし、先取りの勉強には、よい面もあります。今の学年で習っていることがすっかりわかるようになったら、興味に応じて先の学年のところまで理解を進めるというのは、人間の知的好奇心を刺激することで、楽しいことだからです。

とくに**漢字については、先取りの学習は自然なこと**です。本を読んでいれば、知らない漢字はどんどん出てきます。漢字の学年配当は人為的なものにすぎません。家庭学習の教材で、学年を超えた先取りをしていくといいのです。

ただし、**よくないのは、先取りの学習を先取りの競争ととらえたり、他の人に負けないようにという競争心の中で勉強させたりすること**です。競争心に基づいた勉強は、低学年の場合は、理解の勉強よりも量をこなす勉強になりがちです。

低学年のときに、量をこなし時間をかけて先に進む勉強をしていると、たしかにそのときは先に進んだように見えます。しかし、学年が上がり、他の子がその学年の勉強を行うようになると、先取りしていたつもりの差が知らぬ間に埋まっていることが多いのです。

1日の生活時間がひとりだけ25時間あれば、その子は1時間ぐらい先取りしてもいいのですが、同じ24時間であった場合、先取りにかけた時間は、他の時間を削って捻出することになります。

その削る時間が読書だったり自由な遊びだったりした場合は、先取りがかえってマイナスになるということもあるのです。

よく「伸びしろのある子」というような言い方がされますが、伸びしろがあるかどうかは、低学年の時点ではまだよくわかりません。中学生になってわかる場合も、高校生になってわかる場合も、大学生になってやっとわかる場合もあります。社会人になってからやっと、「子供の頃のあの読書と遊びが、今の自分を形成したのだなあ」としみじみ思うこともあるのです。

中学3年生以降は、子供が自分で自覚して勉強できる時期ですから、自分で決めた目標を精一杯やっていけばいいのです。しかし、それまではほとんどの場合、自分で自覚して勉強するわけではありません。

だから、親がいつも**その子の伸びしろに余裕を持たせるような勉強**をさせていく必要があるのです。

「できたところ」をとにかく褒める

勉強は明るく楽しく

勉強は、明るく楽しくおもしろくやっていくのが大切です。**叱ったり注意したりすることは、なるべく少なく、できればないようにしていくことです。**

真面目な親ほど、子供の欠点が目につき、その欠点を直すことが勉強の中心になりがちです。

そういうお父さんお母さんは、子供の作文を見ても、すぐに直そうとします。たとえば、字が汚い、漢字を使っていない、点の打ち方がおかしいなど、すぐに注意をしたくなるのです。

子供が作文を書き上げた直後に、そういう注意をすれば、子供は楽しく勉強できるようにはなりません。

作文を書くときに、「次は何を書くの」「次はどう書くの」と、1文ずつ親に聞く子もいます。

その原因は、子供が最初に自分で作文を書いたときに、あとから親が直したり注意したりしたことがあったからです。子供は、せっかく書いたものが直されるくらいなら初めから聞いておこうという、合理的な判断をするようになったのです。

親が欠点を注意しながら子供に勉強させていると、子供の能力は時間をかけたわりに伸びなくなります。**頭脳は、明るく褒められることによって活性化して吸収力も増すからです。**

暗い気持ちで勉強をさせられると、大きくなっても勉強が好きになれません。

勉強というものは、本来自分の知性が向上するということで、誰にとってもうれしいものです。そういう肯定的な気持ちを持てるようにするには、小学校の最初の頃の勉強を楽しくやっていく必要があるのです。

もちろん、注意することや叱ることが必要なときはあります。**やったことをあとか**

ら注意するのではなく、勉強を始める前に、あらかじめ注意しておくことを話す機会を作ります。

その注意も、たくさん決めるとできないことがあるので、確実にできそうな2つか3つに絞って決めます。

そして、そのうちのひとつでもできたら、大いに褒めてあげます。

同じようなことでも、あとからやれば注意ばかりで暗い勉強になります。前にやれば、褒めるばかりの明るい勉強になります。

×だったら、これでまた賢くなると喜ぶ

机の引き出しを開けると、隠していた0点のテストがドサッと、という場面が漫画にはよくあります。

では、その子は、なぜテストを隠していたのでしょうか。それは、かつて0点のテストを見せて、親に、「ええっ！」と驚かれたことがあったからです。

子供がたまに学校からひどい点数のテストを持ってくることがあります。そのとき

に、親がショックを感じた顔を見せると、子供はその後、悪い点数のテストは見せたがらなくなります。

テストの点数などは、やればすぐに上がるものですから、悪い点数のテストほど、早く見せてもらった方がいいのです。

そのためには、悪い点数のテストを見せてもらったときにも、いつもと同じようなにこやかな笑顔でいるとともに、言葉の上でも子供に次のように言っておくといいのです。

「テストは、自分の間違いを発見するためにあるのだから、×の多い方が自分のプラスになる。だから、×があったら喜んで、『これでまたひとつ自分が賢くなる』と思うといいんだよ」

子供の勉強は、中身よりも取り組む姿勢が大事です。テストも、点数という中身よりも、そのテストをどのように見るかという見方の方が大切です。

こういう姿勢を子供のうちに身につけておくと、中学生や高校生になってもブレない勉強の仕方ができるようになります。

たとえば、模擬試験などで、AかBかどちらか迷う問題があったときは、当てずっぽうでどちらかを選んで50%の確率で○にしてもらうのではなく、答えを入れずに100%、×にしてもらうのです。

学力が伸びるのは、こういう考え方のできる子です。

英語はいつから始めるべき？

まずは日本語を確実に

2011年度より、小学5年生から英語が必修となりました。2020年度には小学3年生から必修となることが決まっています。

こうした流れを受けて、英語の早期教育について、今まで以上に多くの人が関心を持っています。

言葉の森でもたびたび、「今のうちから英語を習わせた方がいいですか」「英語のCD教材はどういうものがいいでしょうか」といった質問を受けます。

中学校から知識的な英語を始める前に、小学4年生くらいから英語の音声に慣れる練習をしていくのは、よいことだと思います。ただし、それ以上の前倒しは必要ないと考えます。

小学校最初の時期は、まず日本語です。

英語の文の理解を支える土台は、日本語の文の理解です。だから、英語教育に責任を持って携わっている人ほど、英語を習う前に、日本語の理解力をしっかり育てておく必要があると言うのです。

学年が上がり、英語で書かれる内容が難しくなると、英語を読む力よりも、今度は書かれている内容を読み取る日本語力が重要になってきます。

大学入試レベルの英語になると、単語や文法を知っているだけでは不十分で、内容の読解力が英語の学力になります。だから、高校3年生の終わり頃になると、国語力のある生徒の方が、英語の力が伸びるようになってきます。

英語力の基礎は、国語力です。そして、小学1〜3年生の時期は、とくに国語力が伸びる重要な時期なのです。

機械翻訳にとって代わられる⁉

最近の人工知能は深層学習のアルゴリズムで、自然言語の処理に大きな進歩を見せています。音声を使った異なる言語間の同時翻訳は、すでに日本のホテルのフロントなどで、外国人との応対に利用されています。

実用的な機械翻訳が普及する世界は、意外と早く来るのではないかと思います。

機械翻訳の発達が加速する中で、英語教育はどうなっていくのでしょうか。

英語教育は今後、コミュニケーションの道具としての教育から、文化の違いを学ぶ教育へと広がっていくのではないかと思います。

文化の違いを学ぶ教育は、英語以外の外国語も含めた世界の文化を学ぶ方向に進んでいくでしょう。

そして、世界の文化を学ぶ教育は、外国の人に、教育の言語としての**日本語の価値を伝える**方向に発展していきます。

日本語の価値には、いろいろなものがありますが、そのひとつは、自然を豊かに描写したり、他者に対する共感を表したりする言葉が豊富だということです。

つまり、言葉の役割は、単なる伝達の道具だけではなく、心を育てる道具でもあるというふうに変わってくるのです。

その結果、日本の英語教育は、日本人に英語を教える教育から、英語圏や他の言語圏の人に日本語を教える方向に進んでいくようになるのだと思います。

塾に通わせることの是非

親の目が行き届くのが家庭学習の利点

答えのある勉強は、基本的に独学でできるものです。そして、多くの場合、独学でやる方が人に教えてもらうより能率がよいのです。なぜなら、自分が時間をかけたいところに時間をかけることができるからです。

これに対して、**人に教わる形の勉強は、与えられた範囲の勉強を、与えられたペースで勉強しなければなりません。**

自分がすっかりわかっていることも、付き合いでやらなければなりませんし、自分にとってまだわかりにくいことであっても、納得できるまでやることはできず、全体のペースに合わせて進まなければなりません。

私は、我が家の子育ても、独学中心の方針でやってきました。だから、子供たちの学習はすべて家庭学習です。

家庭学習の長所はいろいろあります。もちろん短所もありますが。

長所の第一は、自分のペースでできるのでゆとりがあることです。わざわざどこかへ行く必要がありません。

居間の机の上に、自分がやる勉強の教材を開けば、そこが教室です。費用もかかりません。**時間的にも、予算的にも、ゆとりのある勉強ができる**のです。

家庭学習の第二の長所は、親が勉強の内容を把握できることです。内容が把握できるので、軌道修正も容易です。

子供の勉強の仕方についても、無駄なやり方をしていたり、音読を読み間違えたりしていれば、すぐに気がつくので対応できます。

しかし、だからといって、常に子供と一緒にいて勉強の様子を見ているというのではありません。近くにいれば、自然に気がつくことが多いという程度です。

シンプルな教材で徹底反復が一番

よく、中学3年生までは、子供部屋ではなくリビングで勉強させる方がいいと言われるのは、親が子供の勉強の様子を把握できるからというのが主な理由です。

家庭学習が中心でない場合、子供がどういう教材でどういう勉強をしているのか、子供に聞いてみるか、実際に教材を見てみるかしなければわかりません。

そして、親は親の生活で忙しいので、そこまで子供の勉強の内容を見ることはできないため、結局何をやっているか把握できなくなります。

勉強の内容が把握できなくなると、返ってきたテストの点数だけで子供の勉強を見るようになります。

すると、勉強を通しての親子の関わりが、ますます疎遠になるのです。

家庭学習の第三の長所は、勉強がシンプルになるので、その分密度の濃い勉強ができるようになることです。

家庭学習の中心となる教材は単純です。まず読書のための本、そして算数の計算や漢字の書き取りの問題集各1冊です。

これらの教材を用意すれば、あとは学校の教科書、または教科書レベルの参考書と組み合わせて充実した家庭学習を続けることができます。

教材も勉強法もシンプルなので、親が口を出さなくても、子供が自分でその日にやることを済ませられます。

また、教材の種類が少ないので、同じ教材で何度もくり返しの学習ができます。勉強の基本は、同じものを何回もくり返して自分のものにすることです。しかし、塾や通信教育の教材では、渡される教材の種類が多く、しかもばらばらで保管しにくいために、くり返し行うことが困難になります。

塾はアドバイザー的な立ち位置に

以上のように、家庭学習には優れた長所がありますが、その分、最初のうちは親子の試行錯誤があります。塾や通信教育での勉強のように、完成度の高い勉強をするのではないため、初めのうちは無駄な遠回りをすることもあります。
しかし、いったん家庭学習が軌道に乗り、家庭で勉強するという習慣ができると、子供が成長してからも、他人に頼らず自分で工夫して勉強するという姿勢ができるようになるのです。

家庭学習にも短所があります。それは、親と子だけの関係になるので、うまくいかないときは、そのうまくいかない面がそのまま出てくるということです。

先生という第三者が介在した方が、けじめがつきやすいということはあります。

また、子供は、小学4年生ぐらいになると、同学年の集団の中にいることを好むようになります。友達がいた方が、勉強も遊びも張り合いが出るのです。

この家庭学習の短所が、そのまま塾や通信教育の長所になります。

だから今後、学習塾や通信教育は、家庭学習の長所を生かすアドバイザーや、あるいは家庭学習のコンサルタントのような役割を果たすようになってくると思います。

勉強の勝負は大学受験の18歳のとき

本気になるのは15歳から

「吾れ十有五にして学に志す。三十にして立つ」という孔子の言葉は、多くの人の人生のサイクルと似通っているのではないかと思います。

15歳になると、どの子も自分の人生に目覚め、その人生の一部として勉強というものを考えるようになります。

それまでは、外見上はしっかりしているように見えても、親や先生の敷いたレールの上を走る生き方をしています。しかし、15歳になる頃から、自分でレールを敷き、その上を走ろうとするようになります。

勉強の本当の出発点は、15歳の中学3年生からと言ってもいいと思います。

それまでは、徒歩やせいぜい自転車で進んできた子が、この時期からエンジン付きの車に乗り換えるような感じで勉強の内容を加速させます。

だから、子供が小学校低学年のうちから、本当の勉強は15歳をスタートにして始まるという見通しで子育てをしておくといいのです。

その低学年からの子育ての重点が、読む力をつけておくことと、自分で学ぶ習慣をつけておくことです。


これまでの多くの子供たちの成長の様子を見ていると、**小学校時代遊んでばかりいて勉強をあまりせず、親を内心やきもきさせていたような子が、高校生ぐらいになると意外としっかり勉強するようになっています。**

その一方、小学校時代、親が熱心に勉強させた子で、それなりによい学校に進んではいても、中学生や高校生あたりになると勉強に飽きてしまうような子もいます。

大学入試を当面の目標と考えた場合（本当はもっとその先に勉強の目的があるのですが）、成果を上げられるかどうかは、高校生の最後の受験期に正しい勉強法で集中力を発揮できるかどうかにかかっています。

その時期までに勉強に飽きてしまっていると、最後の踏ん張りがきかなくなるのです。

勉強に飽きているかどうかは、大学生になるとさらにはっきりしてきます。

大学生になって遊び呆ける子と、大学生になって何かに新たに挑戦する子との差は、小学校時代の自由な遊びの充実度と関連している気がします。

遊びの必要な時期にたっぷり遊んだ子ほど、その後の人生も、それぞれの時期に必要なことをしっかりやっていけるようになるのです。

中学受験をするかどうか

小学生の子の親にとって、中学受験をするかどうかは、子供のその後の人生を左右する大きな選択肢のように見えます。地方ではあまりそういうことはありませんが、都会の小学校ではクラスの半数以上の子が受験するというところもあります。

しかし、子供が成長して、すでに社会人になったという人や、学習塾で実際に多くの子供たちの成長の様子を見てきた人たちによると、中学受験の有無や合否にかかわらず、それぞれの子供は、その子の本来の実力や意欲や希望に応じた道を進んでいるように見えると言います。私もそう思います。

ですから、中学受験については、次のように考えるといいと思います。

第一に、小学校高学年は難しい勉強がだんだん好きになる時期で、この時期に受験という目標を持つのはよいことです。

第二に、しかし、今の受験はパズルのような知識の詰め込みで成果が出るようになっているので、この流れに乗りすぎると、豊かな小学生時代が送れなくなる可能性があります。

第三に、公立中で荒れている学校があるとしても、勉強は自分でするものですから周囲は関係なく、むしろいろいろな生徒がいる方がその分だけ多様性のある環境でプラスになります。

第四に、私立中高一貫校の利点は、学習内容の先取りで大学入試が有利になることです。しかし、ネット学習の利用によって、今後家庭学習でも先取りができるようになってきます。

第五に、受験勉強は費用がかかります。家庭の教育予算が限られているならば、中学受験よりも、子供が大学生になってからの学問や挑戦に費用をかける方が、子供にはプラスになります。

つまり、中学受験はするが、**費用はかけず、詰め込み学習は本人の納得を前提に半年ぐらいにとどめ、合否にとらわれず、中3からの自立学習を目標にする**のがいいのではないかということです。

高3で勉強の質が大きく変化する

子供たちを見ていると、18歳の高校3年生のときに、勉強の質が大きく変化する時期を迎えるようです。

作文で言うと、これまで普通に上手だった子が、高3になるとぐんと上手になるという感じがするのです。

ちょうどこの時期は、ほとんどの生徒が大学受験の時期にあたるので、勉強の面でももっとも重要な時期になります。

子育ての一応の締めくくりをこの18歳とすると、子育ては、子供が18歳のときに自主的、意欲的に行動する人間になっていることをひとつの目標として、進めていくといいと思います。

しかし、それはもちろん18歳が最終ゴールだということではありません。人間は、その後も何度も新しいことに挑戦し、新しく自分を作り変えながら生きていきます。

15歳が学問の出発点だとすると、18歳は挑戦する人生の出発点なのです。

第4章

「遊び」をとことん充実させる

これからは遊びの中で育てた個性で光る時代

何でもない遊びこそ子供の生きがい

子供にとって、もっとも楽しいのは遊びの時間です。子供たちは、放っておけばいくらでも楽しい遊びを考えつきます。

遊びは、特別なものである必要はありません。

我が家の長男は、水中メガネを渡して川に連れていったとき、流れの中に浮かんだままいつまでもずっと川の中を眺めていました。次男は、休みの日には近所の公園の大きなクスノキに登って枝に腰かけ、仲のよい友達と何時間も何やらお喋りをしていました。そんなことも遊びです。

子供はいろいろなことに熱中しながら生きています。それらがすべて貴重な遊びの経験になっています。そして、その**自由な遊びが、子供の幸福感、創造性を育てている**のです。

遊びの目的は、遊ぶことそのものです。何か他の目的のために遊ぶのではありません。泥団子を作る目的は、泥団子を作ることそのものです。そのお団子を食べることでも売ることでもありません。

ただ、子育ての立場から言うと、遊びにはもうひとつの目的があります。それは、子供の個性を発見することです。

さまざまな遊びを通して、その子は何が好きで、何をしたいと思っていて、何をしているのが一番楽しいのか、それを発見するのが遊びの場なのです。

成績に表れない能力や感受性を伸ばす

私は子供の頃、電気屋さんごっこという遊びが好きでした。狭い建物の天井裏に入り、そこでいろいろな配線をするという設定の遊びです。

一緒に遊んでいた友達はすぐ飽きてしまいましたが、私はその遊びをいつまでもやっていたいと思ったものです。

きれいな表面の背後にある、裏の複雑な配線や機械的なしくみを作るということに関心があったのです。それは大人になった今、組織やシステムを作る仕事を好きでしていることに、そのまま通じているような感じがします。

このような人間の何かに対する**性向は、持って生まれたもの**ではないかと思います。その本来の性質を伸ばす形で仕事ができれば、その人の人生が充実するとともに、社会全体も豊かな多様性を持つようになります。

これからは、自分の好きなことを追求し、自分の個性を生かした人がますます活躍する時代になると思います。

いつもハコフグちゃんの帽子をかぶっている魚博士のさかなクンも、その一人です。さかなクンは、学校時代の成績はあまりよくなく、憧れだった東京水産大学には、受験するレベルにも達しませんでした。しかし、それは学力がなかったからではなく、**個性的な興味関心が強かったために、学校的な勉強に興味が持てなかった**からだったのです。

そのさかなクンは今、東京海洋大学（旧東京水産大学）の名誉博士・客員准教授となり、大好きな魚の知識を生かし、社会で大きな活躍をしています。

さかなクンが切り開いた道

これまでの社会では、仕事と勉強は「役に立つこと」で、遊びは「役に立たないこと」でした。しかし、これからは遊びが役に立つ社会がやってきます。

なぜかというと、**仕事をしたい人よりも遊びをしたい人が多くなるので、新しい遊びのニーズが次々と生まれてくる**からです。

食べ物としての魚にしか興味のない人ばかりだったら、さかなクンの今の仕事はなかったでしょう。遊びとして魚の好きな人が増えてきたから、さかなクンの遊びがみんなの役に立つ仕事になっていったのです。

だから、これからいろいろな人の好きな生き物に合わせて、さかなクン以外に、とりクン、しかクン、うまクン、かばクン、ぞうクンなどがにぎやかに登場してくるでしょう。

そして、その中から、華道、茶道、書道、剣道などと同じように、魚道などという高い精神性を伴った新しい文化が生まれてくるのです。

「あのお寿司屋のおじさん、魚道十段らしいよ」

「すギョいですね」

などという会話が交わされる日も近……くはないかもしれませんが。

これからは、自分の道を追求した人が活躍する社会になります。そのためには、**答えのある勉強を一生懸命するだけでは足りません**。自由な遊びの中で創意工夫することが大切になるのです。

親子で一緒に楽しむ時間をもっと増やす

遊園地や旅行に行かなくても

私が子供の頃は、仲のよいひとりの友達といつも近所の原っぱに行き、土を掘ったり虫を捕まえたりして遊んだものです。高学年になると、近くの山に行き、秘密基地を作ったり、竹を切って弓矢を作ったりして、やはり1日中遊んでいました。

しかし、今はそういう時代ではありません。都会に住んでいれば自然も少なく、小学校低学年の子をひとりで遊びに行かせるのは、防犯の面でも心配があります。

かといって、家にいればテレビを見たり、ゲームをしたりすることになりがちです。

もちろんテレビもゲームも楽しいものですし、禁止する必要はありません。しかし、テレビやゲームは、やはり時間を制限してやらせる必要があります。

創造的な遊びとは、現実と結びついた遊びです。バーチャルな世界での経験というのは、ほとんどの場合、創意工夫の余地はありません。

そこで、一番長い時間を過ごす親が、子供の遊びをいろいろと工夫してあげるということになります。

とはいえ、子供とどう遊んだらいいかわからない、何をやらせてあげればいいか思いつかない、という声も聞きます。親も毎日忙しいので、親子で楽しく遊ぶという機会があまりなく、**遊びのレパートリーが少なくなっている**のかもしれません。

その結果、家でテレビやゲームばかりになるくらいならと、習い事に行かせる家庭も多いようです。

家庭で遊ぶ機会が少ないと、子供と遊ぶときは、特別に計画して遊園地や旅行に行くとか、食事に行くとかいう、大がかりな遊びでなければ遊びにならないように思いがちです。

風船バレーボール、公園で朝ご飯…

遊びを難しく考える必要はありません。お父さんお母さんが、子供時代にしていた遊びでいいのです。**日常的にちょっとした工夫でおもしろく遊べることを考えてみる**といいと思います。

家の中で、あるいは近所の公園や近くの野原で遊べるものがたくさんあります。

言葉の森のFacebookページには「親子で遊ぼうワンワンワン」というグループがあります。親子や兄弟、友達で楽しめる遊びを考案するページです。その遊びをもとに行われた子供たちの写真などを互いに紹介し、交流しています。

これまでにあった例では、次のようなものがありました。

・サイコロ遊び

サイコロを2つ。お母さんの出た目とどっちが勝ち？というだけで十分楽しめます。合計を足したりすれば算数の勉強にもなります。

・しりとり

親子で買い物などに行くとき、散歩の途中で気軽にできるのは、しりとりです。さらに高度なしりとりとしては、動物の名前、食べ物の名前などとジャンルを決めたり、2文字、3文字などと文字数を決めたりするしりとりがあります。

・風船バレーボール

部屋の真ん中にビニルひもを張ってネット代わりにし、風船でバレーボールをします。必ず味方にパスしてから返すというやり方にすれば、小さい子も活躍できます。

・雨の日こそお出かけ

雨の日こそ、レインコートと長靴でお出かけを。家の中でじっとしていると、子供も大人もストレスがたまってしまいがちです。外でかたつむり探しや、水たまり遊び、屋根から落ちる雨だれを傘で受けたり、普段とは違う経験ができます。

汚れてもいい服で出かけて、家に帰ったらお風呂やシャワーにすると、親も気が楽です。

・休日に近所の公園で朝ご飯

休日の朝、レジャーシートを持って近所の公園に行き、ご飯を食べるというのも、子供には楽しい体験になります。外で食べると、どの子も普段よりたくさん食べるというのが不思議です。

子供の新しい面を発見できる

親と一緒にいるだけで、子供は楽しい時間を過ごします。とくにお金をかける必要はありません。お父さんお母さんが、自分が子供だったらしてみたいと思うことを、やってみればいいのです。

家ですることがなかったら、テレビの代わりにトランプもできます。トランプがなかったら、紙を切って作れます。

行くところがなかったら、近所を散歩するだけでもいいのです。いつもとは違う道を通れば、新しい発見もあります。

少しのプラスアルファで、すべてが遊びに変わります。

子供と一緒に遊ぶことによって、親は子供の新しい面を発見することができます。「この子はこういうことが好きだったのか」と、伸ばしてあげたいことが自然に見つかるようになるのです。

遊びを考えるうえでおすすめの本が、『遊び図鑑』や『冒険図鑑』などの「DO！図鑑シリーズ」（福音館書店）です。他にも、ネットにはさまざまな遊びの情報があります。

お父さんお母さんが童心に返り、自分が子供だったらしてみたかった新しい遊びを、子供と一緒に挑戦してみるのです。

こう考えると、子供より親の方がワクワクしてくるかもしれません。

遊び図鑑
奥成 達／作　ながた はるみ／絵
福音館書店　1600 円

Do! 図鑑シリーズ。屋内から屋外、野原から山海、1 人から大勢…。約800 種類の遊びを豊富なイラストで紹介する。昔ながらの遊びも。

特別なおもちゃがない方が子供は夢中になる

木切れや石ころに想像がふくらむ

遊びを子供の個性の発見の場と考えると、遊びの選び方にひとつの目安が出てきます。

それは、買う遊びや作られた遊びではなく、**手作りの遊び**をできるだけ大切にするということです。

たとえば、泥団子教室があって、子供それぞれに泥が1袋ずつ渡され、「さあ、ちゃんと手を洗ってから、泥団子作りを始めましょう。最初にお塩をつけます」などとなったら、子供の泥団子作りの喜びはそれだけ制限されてしまうでしょう。

泥団子は、自分で思うままに作れるから楽しいのです。

子供たちの目につく楽しそうな遊びの中には、売られているものも多いので、最初はそれを利用することもあります。レゴや、ミニカーや、プラレールや、リカちゃん人形や、シルバニアファミリーのセットなどです。

もちろん、これらもとてもよいおもちゃです。ただ、与えられた枠の中の遊びであることも事実です。そこから飛び出し、自由に遊ぶことで、子供の創造性は育ちます。たとえば新しいレゴの形を作りたいというとき、新しいセットを用意するのではなく、こう考えてみます。「レゴの本質は、ブロックの組み合わせで形を作ることだから、木の切れ端でも代用でき、その方がはるかに広い可能性を持ちそうだ」と。

私が子供だった頃、近所に大工さんの家があったので、その作業場から木切れをたくさんもらってきて、それでいろいろな遊びをしました。子供の想像力は豊かなので、1本の木が、飛行機にも船にもスポーツカーにもなるのです。

しかし、今レゴ作りに夢中になっている子供に、お父さんやお母さんが、木の切れ端を2つか3つ持ってきて、「これでも、何か作れるかもしれないよ」などと言っても子供は心を惹かれないでしょう。

大事なことは、木の切れ端をドサッと山のようにまず置いておくことです。もちろん、今は、近所に大工さんの家があることは滅多にないので、ネットショップを利用することになりますが、木の切れ端ですからどっさり購入しても、大した金額にはなりません。

もし使わずに余ってしまったら、屋外でバーベキューをやるときの焚き付けに利用すればいいのです。

大量の紙と色鉛筆、粘土

子供は、紙に絵を描いたり、粘土で形を作ったりするのが好きです。これは、昔、原始人が洞窟の壁に絵を描いたり、粘土で土器や土偶を作ったりしていた記憶があるからかもしれません。

絵画と造形は、いろいろな描き方、作り方を自由に選べます。子供がこの遊びを楽しむためには、**大人が上手とか下手とかいう基準で評価をせずに、描いたこと、作ったことそのものを認めてあげる**ことが大切です。

絵画と造形は、原始時代から続く遊びです。子供にこの遊びを楽しませるために大事なことは、材料を用意することです。

まず、色鉛筆と紙をどっさり用意しておきます。この場合も、どっさりが大事なのです。

スケッチブックなどのようにしゃれたものに描くと、失敗するともったいない気がしてきます。

失敗や無駄を恐れず、ふんだんに使えるようにしておくことが、描くことを好きにするコツです。

紙を無駄にするように見えても、それで絵画が好きになれば、その無駄の甲斐があったと考えておくのです。

同じように造形は、たっぷりの粘土と広い粘土板を用意しておきます。このたくさんの粘土でドキドキしながら自分だけの土器などを作ってみるのです。

近所の子に流行った虫取り網のバスケゴール

夏だったら、水遊びは1日中でも遊べる機会を提供してくれます。水鉄砲は、マヨネーズなどの容器をとっておき、蓋にキリで穴を開ければ即席で作れます。

昔の子供は、学校から帰ると習い事に行くわけでもないので、自然にみんなが集まり集団の遊びをしていました。だから、缶蹴りをやったり、かくれんぼをしたり、何でも自由にできました。

今は、友達と遊ぶとしても少人数になることが多いと思います。

そういうときにも、2人いればできるのがバスケットボールのワンオンワンです。

適度な高さがある木の枝に、虫取り網をくくりつければ、子供の背の高さに合わせたバスケットゴールができあがります。

私の子供が小学生だった頃、ちょうど『スラムダンク』という漫画が流行っていて、子供たちの多くがバスケットボールに熱中していました。

そこで、近所の公園の木に虫取り網でバスケットゴールを作ったところ、同じクラスの子供たちが集まってきて、みんなでバスケットボールを始めました。

即席のゴールですから、遊びが終わったら片づければもとのままです。これで、休みの日などはよくみんなでバスケットをして遊んでいたものです。

「実験的な遊び」を取り入れてみる

スイカの皮で虫を集める、ビニル袋で気球…

ゲーム感覚で漢字の勉強ができるとか、計算の練習ができるとかいうのは、遊び的な勉強です。

これに対して、**勉強的な遊び**とは、日時計を作ってみたり、科学実験や天体観測をしてみたりという遊びです。子供がこれらの遊びの分野に興味を持っていれば、遊びにも知的な要素が加わります。

子供向けの科学の本を読んでいると、時々自分でもやってみたいと思うことが出てきます。しかし、たいていの場合、そのためにはいろいろな準備が必要なので、子供

はその本に書かれていることを知識として読み取るだけで終わってしまいます。

個性の発見は行動によってわかることが多く、好きだと思ってやってみたら意外とそうでもなかったり、興味がないと思っていたことが、やってみたらすごく熱中することだったりする場合があります。

そこで、日曜日はテーマを決めて、身近にできる実験をしてみるといいでしょう。


実験といっても、それほど大げさなものではありません。

夏だったら、近所の山のクヌギの木の根本にスイカの皮を置いておき、翌朝見に行ってみるというのも実験です。ただし、

置きっぱなしにしたまま見に行くのを忘れてしまうと、ただのゴミを捨てただけの話になってしまいます。

同じく、夏だったら、夕方の薄暗くなった頃に、公園の大きな木の周りをぐるりと回ってみると、セミの幼虫が登っているのが見つかります。それをできるだけそっと持って家に帰り、カーテンなどに止まらせておくと、家の中で羽化の様子が見られます。そっと持って帰らないと、羽化が失敗することがあるので慎重に。

冬の寒い日だったら、黒いビニル袋を使い、大気との温度差を利用した気球が作れます。ただし、これは薄手のビニル袋を探すことと、太陽熱だけで温度が不足するときはドライヤーを使うなど、やや大がかりな実験になるかもしれません。

お父さんお母さんが、子供時代にやったこと、やってみたかったと思うことを、やってみるといいのです。

子供との実験をスマホなどで動画として撮っておき、ＹｏｕＴｕｂｅにアップロードしておけば、その実験経過を家族の遊びの記録として残せます。さらに、他の家族とも遊びの共有ができるようになります。

「道具」を使いこなせると一気に遊ぶ幅が広がる

親の監督のもとナイフや包丁を与える

遊びの本当の喜びは、自分で工夫できる余地があることと、そこに子供なりの小さな発明や発見があることです。そのために必要なのが、子供が自分で使える道具と技能を持つことです。

私が小学生だった頃、近所の子供たちは誰もが、「肥後守《ひごのかみ》」という折りたたみ式のナイフを持っていました。肥後守は、駄菓子屋などでも売られていたのです。

そのナイフをいつもポケットに入れ、手製の弓矢を作ったり、とってきた栗の皮をむいたりして遊んでいました。

刃物ですから、必ず何度かは指を怪我します。するとそこで、刃を向けた先にもう一方の手があると危ない、などということがわかってきます。そういういろいろな経験を経て、道具の上手な使い手になっていったのです。

遊びの中で技能を身につけ、その技能によってさらに遊びが広がる。そういう上昇するらせん形があるというのが遊びの楽しさです。

実は、この上昇らせん形の楽しさは、勉強の楽しさでもあるのです。人類がなぜ科学技術を発展させてきたかというと、単に知りたいことや実現したいことがあったからだけではなく、新しい工夫で新しいことがわかり、それがまた新しい工夫を生むというらせん形の上昇におもしろさがあったからです。

遊びのおもしろさと学問のおもしろさは、実は同じ種類のものです。

学問のおもしろさを感じるためのツールは個々の勉強ですが、学問の世界はらせん形の広がりが大きいので、そのおもしろさを感じるまでの間に、退屈な勉強という長いアプローチが必要になります。

これに対して、遊びは同じようならせん形であってもその広がりが小さいので、すぐにおもしろさを感じることができます。

そのための最初の準備が、子供が道具を使えるようになることです。

親の監督のもとで、刃物を使った工作や、包丁を使った料理に慣れさせておくといいのです。

乗り物に乗り慣れる練習

昔は、子供が徒歩で行ける場所にたくさんの遊び場がありました。今でももちろん遊べる場所はありますが、自転車や交通機関を利用すれば、遊びの範囲がさらに広がります。


子供が自分で遠くに出かけるようになる場合、初めに身につけておかなければならないのは交通ルールです。

自転車で走るときの道の曲がり方などは、実際にやってみなければわかりません。

また、道に迷ったときやタイヤがパンクしたときの対応の仕方など、やや高度な知識も身につけておく必要があります。

もちろん、それはその子のできる範囲でいいので、パンクを自分で直すことは難しくても、**周囲に助けを求めるという応用力**があればいいのです。

また、世の中に出てからの行動には、必ず人間との関係が生じますから、挨拶の仕方、お礼の言い方、電話のかけ方など、社会生活の作法も教えておく必要があります。

遊びとは一見関係ないように見えても、こういう準備が、子供が自分で遊びを工夫する楽しさの支えになるのです。

バスなどの乗り物に弱い子がいると、その子の遊びの範囲に制限ができてしまいます。その場合は、酔い止めの薬で対応する方法もありますが、自分で乗り物酔いを克服する力を身につけることも考えておくといいと思います。

その方法は、たとえばバスに乗り慣れる練習を意識的に行うということです。

楽しさを支える技能の習得があってこそ、遊びの楽しさを満喫することができるのです。

今一番熱いのはプログラミング

習い事よりも自分だけの趣味を究める

習い事には、勉強的なものだけでなく、遊びの要素のあるものがあります。

サッカー、野球、スイミング、ダンス、絵画、音楽などの、運動系、芸術系の習い事です。

しかし、遊びのように見えても、管理される面が強くなると、ある決められた道以外の脇道を選ぶ余裕がなくなり、出口は1カ所だけに絞られてきます。

鬼ごっこやかくれんぼが、もしオリンピック競技になったら、いろいろなルールや制約ができるので、子供が自由に日常的に遊ぶものではなくなるでしょう。そして、たまたま遊んでいる優れた子供はスカウトされて、出口の決められた道に乗ってしまうでしょう。

こう考えると、遊びのような習い事であっても、メジャーなものによって子供の時間を埋め尽くさない配慮というものが必要になってきます。

これまでの人間の成功は、決められた一本道で上位に入ることでした。しかし、これからの成功はそれだけではありません。それは、道の数がもっと多くなるからです。新しい道を自分で作り、新しい出口を発見するという創造の可能性が、これからはもっと増えてくるのです。

人類が70億人いれば、どんなにオリンピック競技の種目を増やしても、メダルの数はそこまでは増やせません。しかし、自分で出口を見つけることになれば、70億通りの出口も不可能ではありません。

プログラミングは奥が深い

プログラミングは、これからの子供たちの新しい遊びです。それは、出口がたくさんあり、それに応じて進む道もたくさんある遊びだからです。

２０２０年から小学校でもプログラミング教育が必修化される方針です。最近はプログラミングスクールも増えています。

しかし、プログラミング教育は、単なるプログラミング言語の教育ではありません。そういう言語を使ってプログラミングができるのだということを理解し、自分でもプログラムを作ってみたくなるという教育です。

プログラミングは一見、人工的な遊びのように見えますが、使い方次第で自然を取り入れた遊びになります。

最初は、プログラミングの簡単なルールを覚えます。どんな遊びでも、最初のルールを知らなければ遊びそのものが始まらないからです。しかし、そこでルール通りの道を進んで、決められた出口に早く出られたら正解というのではありません。そのルールを使って、別の出口を自分で見つけてみるのです。

プログラミングのおもしろさは、ルールを学ぶことよりも、そのルールを使って新しいことを自分で試してみることにあります。

昔のプログラミングは、ウェブページを作ったりソフトを作ったりすることが遊びの中心でした。

これからは、電子工作と結びついて、動く車やロボットを作ることが遊びの中心になります。

そうすると、遊びの出口は、これまで以上に増えて、絵画や造形のように誰でも自分なりの遊びができるようになります。

プログラミングという遊びは、勉強にも仕事にも使えるようになります。

この遊びを子供たちだけにさせておくのはもったいないので、これからは親子で学べるプログラミングを遊びの計画の中に入

れていくといいと思います。

無料で遊べるプログラミングのアプリもいろいろあります。

プログラミングのおもしろさと並んで、**これから新しく生まれる遊びは、情報機器を活用した遊び**です。

今は、スマホのアプリで鳥の声からその鳥の名前を調べたり、道端の植物の画像からその植物の名前を調べたりすることができるようになっています。ここに、位置情報と地図のアプリとカメラの機能を組み合わせて、ソーシャルネットワークで共有すれば、出来合いのゲームよりもずっとおもしろい、自然を活用したゲームが作れます。

未来の遊びの可能性は、無限に広がっています。

自然の中でどっぷり満喫したい「採集体験」

なぜ海や川に惹かれるのか

「メダカが1匹いました。そこに、もう1匹のメダカを入れました。メダカは何匹になったでしょうか」

これが紙の上だけの問題なら、答えは当然2匹です。しかし、自然界だと、メダカは3匹にも4匹にも、そしてたぶんもっとたくさんにも増えるのです。ただし、世話がよくないと0匹になってしまうかもしれません。

人工の世界は、作られた多様性しかありません。自然の世界は、予測できないケースも含めて無限の多様性があります。だから、同じような遊びであれば、人工的なものよりも自然のものの方が、個性を発見する確率が高くなります。

ただし、その分、うまくいかないこともあるのが自然の難しいところです。

釣り堀で魚を釣れば、ほぼ必ず何匹かは釣れます。しかし、**釣り堀に何度も行きたいと思う子はあまりいません。**海や川で魚を釣りに行けば、何も釣れずに帰ってくることもありますが、大漁で大喜びすることも、魚以外の長靴を釣って帰ってくることもあります。

子供はなぜか、こういう不確定な釣りには、毎日でも行きたいと思うようになるのです。

失敗しないことを第一に考えれば、人工的なものの方が安心です。しかし、子供が本当にワクワクするのは、自分の工夫でうまくいくかもしれない自然の遊びの方なのです。

しかし、それも経験してみないとなかなかわかりません。子供に、工夫できる自然の遊びの楽しさを伝えるのも、大人の大事な役割です。

虫や魚を捕まえたり、木の実を拾ったり

人類の歴史に当てはめれば、**小学生の子供たちは縄文時代を生きている**と言ってもいいでしょう。縄文時代を追体験する子供たちが一番喜ぶのが、「捕まえる」とか「集める」とかいう遊びです。

虫や魚を見つけたら、ほとんどの子はまず追いかけて捕まえようとします。木の実がなっていたり貝が落ちていたりすれば、ほとんどの子はできるだけたくさん集めようとします。

ここで、「生き物を捕まえたらかわいそうでしょう」とか「落ちているものは汚いからお店で買いましょう」などというのは、縄文時代よりも歴史をぐっと下った現代人の価値観です。

子供の喜びは、成長するにつれて変わってきますが、それぞれの時代には、それぞれにふさわしい喜びがあります。

生き物を捕まえる喜びと、むやみに殺生しない工夫を両立させるのが、現代に生き

る大人の役割です。落ちているものを集める喜びと、安全と衛生に配慮する工夫を両立させるのが、大人であるお父さんお母さんの役割なのです。

縄文時代の人間が、捕まえたり集めたりする以外に喜びを感じたものは、小さな竪穴式住居で炉に火を燃やし、獲ってきた魚などを焼いてその日の自慢話をそれぞれにすることだったでしょう。

家の中に小さなテントを張っておくと、子供は**わざわざその狭いテントに入って汗をかきながら遊びます**。また、屋外で火を燃やしてバーベキューなどをすると、必ずと言っていいほどその火で遊ぼうとします。

火が燃えていると、なぜかうれしくてたまらないのです。

生き物を捕まえたり、野山でテント生活をしたりすることは、子供時代だからこそ熱中できる遊びです。そしてその熱中が、将来大人になってから喜びを持って生きる土台となっているのです。

山や海に行ってバーベキューというのは、慣れれば、思いついたときにいつでもできる楽しい遊びになります。コンロやテントなどの道具を用意するのは、最初のときだけです。

「お父さん、何かして遊ぼう」

「じゃあ、○○に行ってバーベキューでもするか」

と気軽にできるようになります。

本当は、近くの公園でこういうことがどこでもできるようになるといいのですが。

生き物を飼うことのすすめ

ペットの死も成長につながる

子供たちは誰でも動物好きですが、さらに情熱的に動物好きな子は、小さい頃に身近に動物がいたということが多いようです。

同じ動物でも、人になつく動物はとくに愛着がわきます。その代表格は、今の日本での飼いやすさから言うと、犬と猫と鳥になるでしょう。鳥の中でも、集団行動する**ブンチョウやインコは、人間になつくと、まるで人間を同じ仲間と考えてでもいるかのように人と密着して遊びます。**

生き物を飼うときに注意することは、その生き物の性質を初めによく調べておくことです。また、そのときにブームになっているものは、できるだけ避ける方がいいと思います。粗製乱造になっていることが多いからです。

犬でも、種類によって、毛の抜ける犬、抜けない犬、よく吠える犬、あまり吠えない犬、誰にでもなつく犬、飼い主にしかなつかない犬など多様です。こういう性質を調べずに、かわいさだけで選ぶとあとで困ることも出てきます。

ペットを飼っていると、必ずそのペットが死ぬときが来ます。ここで大事なのは、楽しかった思い出がもう戻ってこないと思うのではなく、これまでの楽しかった思い出に感謝することです。悲しいことに目を向けるのではなく、楽しかったことに目を向けるのです。

子供の人生には、悲しみを乗り越える場面が何度か出てきます。こういうことも、子供の成長のひとつなのです。

金魚やカブトムシなら気軽に飼える

犬や猫や鳥と違って、もっと手軽に飼える生き物もいます。魚や虫などです。手軽に飼える分、すぐに死なせてしまうことも多いのですが、これもあまり厳密に、「生き物の命の大切さ」ということでブレーキをかけない方がいいでしょう。小学生の頃は、子供は縄文時代を生きているからです。

そして、せっかく飼うのであれば、**飼い方を研究するための本を、子供がうんざりしない程度に親がそろえてあげる**ことです。

また、池から捕まえてきたオタマジャクシを、カエルに育ててから池に戻すということはありますが、勢いで買ってきたカミツキガメを、飼えなくなったからと池に逃がすというのはNGです。

「マンションだからペットは飼えない」とか、「ぜんそくだから動物は飼えない」という理由があるときもあります。しかし、この場合もただ単にあきらめるのではなく、マンションでも飼える生き物を探してみるとか、ぜんそくでも平気な生き物を考えてみるとか、別の工夫をすることができます。

人工の世界では、できることとできないことはデジタル的にはっきり分かれますが、自然の世界は多様な工夫の余地があります。だから、何か代替の方法を探すといいのです。

子供は多様性のある自然の中で、多様性のある生き物と暮らして、世の中にはボタンを押すだけではない多様な対応があるのだということを学んでいきます。

ベランダに小鳥や蝶を呼んで

ペットを飼うのは大変ですが、野生の生き物と身近に接する工夫はいろいろあります。野生の生き物と言っても、ライオンやカモシカではありません。

ベランダにミカンの木を植えておくと、アゲハチョウが卵を産みにきます。**幼虫からさなぎになり、やがて蝶になる様子を見ると感動的です。**

同じくベランダに、水飲み場を作ったり、餌台を置いたりすれば、やがて小鳥がやってきます。

ヤマバトが来るくらいはいいのですが、イエバトの集団やカラスの集団が次々にやってくるようになると近所から苦情が出てきます。そのときは、スズメくらいが通

り抜けられるサイズの目の網を餌の上方に置いておけば、ハトやカラスは、しばらく考えてから去っていきます。

軒下にカラスが入り込めないくらいの狭さで台を作っておくと、やがてツバメが来るようになります。

スズメなら、巣箱を置くと、すぐにそこで巣を作り始めます。今は隙間のない家が多く、スズメは住宅難だからです。**巣の近くにウェブカメラを設置しておけば、ペットを飼っているのと同じ感覚で、スズメたちの親子の様子が毎日観察できます。**

凝った人なら、ベランダにビオトープを作り、メダカやヌマエビやヤゴやカニを飼うこともできます。

しかし、これも親が率先してやるよりも、生き物の飼い方の図鑑などを用意して、子供が自分から興味を持つ方向で始めるといいのです。親の役割は、子供の好きなことを発見し、その個性を育てていくことだからです。

第5章

本当に地力のある子に育てていくために

一生の宝物になるたくさんの思い出を

ずっと覚えている、褒められたこと

言葉の森では、作文という性格上、受験が済んだから卒業ということはあまりありません。小学校低学年から始めて、高校生になるまで勉強を続ける子がよくいます。途中で受験があり、その期間だけ中断しても、受験が終わるとまた再開するという子も多いのです。

そういう長くやっている子の中には、教室から家に帰るときに間違えて、「行ってきます」と言う子や、先生のことをうっかり「お母さん」と呼んでしまう子も出てきます。小さい頃から接している場所や人は、自分の中に家庭や家族と同じようなものとして定着するのです。

あるとき、もうすっかり大きくなった生徒と雑談をしていて、その子が低学年のとき小学生新聞に掲載された作文の話になりました。

「そういえば、小学2年生のとき、○○君の作文、新聞に載ったよね」

と私が言うと、

「ああ、あれはうれしかったですね。でも、選者のコメントで、『シとツが区別つくように書きましょう』と書いてあったのが格好悪かった」

などという話になりました。小学校低学年の頃の話を、子供はしっかり覚えていて、それがその子の中にずっと残る思い出になっています。

この時期に褒められたことは、大げさではなく一生の子供の自信につながります。

反対に、この時期に低く評価されたことは、同じく一生とまでは言わないものの、かなり長期間の低い自己評価につながります。

小学校の最初の時期は、それぞれの子供にとってその後の人生の色合いを決める、大切な時期なのです。

親にとっても宝物の時期

子供が小さい頃の写真をたまに見るときがあると、いつになっても、そのときの状況や会話がありありと思い出されてきます。

小学校低学年の頃は、親も30代や40代というちょうど忙しい時期で、子供の生活以上に自分の生活に追われています。

お父さんお母さんは、自分の生活が子供に振り回されるように感じることも多いと思います。

しかし過ぎ去ってみると、そういう手のかかる時期はほんのわずかで、そのわずかな時期の思い出が貴重な宝物となるのです。

子供の親孝行は、大きくなってからするものではなく、子供が子供時代に過ごすさまざまな親との関わりの中で、すでにできています。

小学校時代の子供は、親にいい思い出をたくさん作ってあげようとして過ごしています。それが手間のかかることだったり、煩わしいことだったり、問題のあることだったりすることもあるというだけです。

たっぷりと余裕のある時間の中で、子供は自分の人生の色彩を選び、自分らしい色を塗り始めています。そして、お父さんお母さんの思い出にも、たくさんの色を塗ろうとしています。たまに、実際の壁に色を塗ったりすることもありますが。

私の家の中の白い壁に、子供がマジックでしっかり絵を描いているときがありました。得意そうに自分の描いた絵を眺めているので、仕方がないから、

「おう、すごい。芸術家」

と褒めておきました。

そういうことがみな、あとでいい思い出になっていくのです。

子育ての目的は、幸福な子供時代を与えること

夏休みの工作を夜中に作ってくれた母

子供は未来の準備のために生きているのではなく、今の幸福を味わうために生きています。

私がこう思ったのは、ある人物の伝記を読んでからです。その人の兄は、小さい頃から神童と呼ばれ、弟であるその筆者は常に劣等感を持っていました。両親も、兄にはとくに期待し、教育にも力を入れて育てていました。

ところがある年、流行病で、かわいい盛りの兄は突然亡くなってしまいます。その後、両親は弟である筆者の教育も、ぱたりとやめ、彼は勉強のべの字も言われない環境で、好きなことをし放題の子供時代を送ります。そして成長したその人は、やがて

立派な事業家になるのです。

この話を読んだとき、私は、まだ小さい自分の子を見ながら、**今を幸福に生きることが、子供にとっても親にとっても一番大事なこと**だと悟ったのです。その後、その悟りを時々忘れることはありましたが。

だから、子供がやりたがっていることはどんどんやらせてきました。それは、私自身が母親からそのように育てられてきたからでもあると思います。

私は、母から一度も厳しいことを言われたことがありませんでした。

小学生のとき、夏休みが明ける前日の夜、宿題の工作をまったくやっていないことに気がつきました。母にそのことを言うと、母は優しく、

「お母さんが何か作っといてあげるからいいよ」

と言って、夜中遅くまでかかって工作の宿題をやってくれたのです。

なぜ、夜中遅くまでかかっていたのを知っているかというと、夜ふと目をさましたときに隣の部屋がまだ明るいのに気づき、障子の破れ目からそっと見ると（そういう

時代でした）、母が黙々と何かを作っているのが見えたからです。

翌朝見ると、それはボール紙でできた動くエレベーターでした。私はそれを持って、意気揚々と学校に行ったのです。

私は今、世の母親は、誰でも多かれ少なかれ見えないところでこういうことをしているのではないかと思っています。

成績の良し悪しは二の次

子供の今の幸福を大切にするためには、とくに子供の成績を気にかけないことです。

成績というのは、他人との比較です。相対評価はもちろんそうですが、絶対評価の

場合も、全体との比較があって、しかもそこに成績をつける人の主観が入っています。
そういう比較の世界で子供を見てしまうと、今を楽しく生きることより、比較の世界で負けないために、今は苦しくてもやむを得ないと思うようになってしまいます。

しかし、成績を気にかけないためには、自分の子供には成績の良し悪しなどは関係ないという確信が必要です。その確信は、親子の普段のコミュニケーションから生まれてきます。

一緒に本を読んだり遊んだり、親子の対話を交わしていたりすれば、成績など見なくてもだいたいの実力はわかります。実力がわかれば、成績などはその実力まですぐに上げることができます。

親が子供に言う小言の多くは成績がらみですから、実力があれば大丈夫と考えていると、子供に注意することはほとんどなくなります。

そのかわり、**態度についてだけは注意をしなければなりません。**それは自然にできるものではないからです。たとえば、脱いだ靴はそろえておくとか、朝初めて会ったら挨拶をするとか、悪い言葉は使わないとか、だらしない格好をしないといったことです。

もちろん、この態度についてのルールは家庭によって違っていていいのです。靴そろえはとくに重視しないが、言葉遣いだけはきちんとさせたい、というような家庭による重点の差はあるからです。

この態度のルールをいくつか決めておけば、成績面での注意は必要なく、親子のコミュニケーションを大事にして、楽しい子供時代を送るようにすることができるのです。

他の子と比較しない

子供のいいところをどれだけ言えますか?

保護者の方に、「子供のいいところを見て褒めてあげてください」と言うと、多くの人が、「それが一番難しい」と言います。

短所を直すことに目が向きがちの人と、長所を伸ばすことに目が向きがちな人との差はありますが、総じて言うと、**親は、子供の長所よりも欠点の方にどうしても敏感になりやすい**ところがあります。

保護者と先生との面談で、先生がいろいろな話をしても、保護者の頭に残るのは、先生に言われた子供の直すところだけであることが多いのです。

小学生のうちは、子供に長時間接するのはやはり親ですから、両親ができるだけ子供のよい面を見て育てることが大事です。

学校や塾の先生でも、一番大事な資質は、知識よりも人柄です。とくに作文を教える先生は、子供のいいところを見て伸ばすという明るい人柄が何よりも大切です。作文は心理状態に左右されやすい勉強で、子供はいいところを褒めることによって伸びるからです。

褒めることと、いいところを見つけることと、相手を許すことは、難しいことではありません。そう決心すればいいだけです。決心しないから難しくなっているのです。

とくに夜、子供が布団に入る直前は、それまでにどんなことがあったとしても、気持ちを切り換える決心をして、明るく優しい言葉を子供にかけてあげることです。この明るく優しい一言が、子供の成長を促し、頭脳を活性化させるのです。

明るい気持ちになることとは、普段の練習でもできます。それは、いつも**「ありがとう。うれしい」という言葉を声に出して言ってみる**ことです。

ありがたくもうれしくもないときでも、無理やりにでもこの言葉をくり返していると、いつか明るい気持ちになってきます。これを私は「無理が通れば道理が引っ込む」と言っています。かなり意味合いが違いますが。

明るい褒め言葉も、無理を承知で言っていれば、それが正しい道理になっていくのです。

とくに兄弟姉妹と比べない

親はよく子供を励ますつもりで、他の子と比較してしまうことがあります。「友達の○○君は、作文上手に書けるね」とか、「お姉ちゃんがあなたぐらいの頃は、もっとたくさん本を読んでいたよ」というような言い方です。

比較されて、「よし、がんばろう」と思う子はいません。

比較された子供は、その比較のない世界で生きていこうとするようになります。たとえば、読書できょうだいと比較された子は、ますます本から遠ざかり、本とは違う、音楽の世界や、スポーツの世界や、遊びの世界や、人間関係の世界でがんばろうと思うようになります。

しかし、読書はどの世界に進むとしても、知性の土台のために必要になるのですから、読書だけはきょうだいともに得意にしておかなければなりません。

そのためには、きょうだいの読書のジャンルの違いなどを生かして、お互いに分野は違うが読書は好きなのだと思わせる工夫をしていくといいのです。

比較が意欲を低下させるというのは、私自身にも経験があります。

私の4歳年上の兄は、スポーツ万能で野球ではいつもピッチャーで4番をやるようなタイプでした。兄と比較して運動神経が鈍いと言われていた私は、早々と運動はあ

きらめ、２つ上の姉の友達とおままごとをして遊ぶような子供時代を送りました。

しかし、後年兄から話を聞くと、兄は兄なりに運動の面でいろいろな工夫や努力をしていたのだそうです。決して単純に生まれつき運動神経がよいというだけではなかったのです。

また、私自身も大きくなってみると、それほど運動が苦手なわけではないとわかりました。

結局、**比較の中で苦手という意識を持ったことが、実際以上に苦手を拡大させていたのです。**このようなことは、誰にもあるのではないかと思います。

他人との比較は、褒めることであってもあまりよくありません。子供が他の人を見るときに、やはり比較の目で見るようになるからです。

成績のよい子を重視し、成績のよくない子を軽視するという生き方になると、その子の文化力はかえって低下します。

大きく伸びるために本当に必要なしつけ

嘘をついたらガツンと

子供時代のしつけの中で、第一に優先することは、正直に生きることではないかと思います。

子供は、とくに悪気がなく、嘘をつくような結果になることをすることがあります。子供ですから、その嘘もささいなもので、とくに誰かに迷惑をかけるというものでないことがほとんどです。

しかし、嘘はいけないことで、正直がよいことだという原則をしっかりと伝えておく必要があります。

ここで大事になるのは、父親の役割です。

母親は一般に、子供の感情を汲み取ることができるので、原則よりも子供の気持ちを考えてルール違反を見過ごしてしまうことがあります。

父親はその反対に、原則を守ることに敏感で、ささいなことでもルール違反は厳しく叱る傾向があります。

褒めて育てることは、子育ての中心ですが、その背景に、いざというときは厳しく叱るという原則がなければなりません。

ここぞというときは、父親にガツンと叱ってもらうことです。そのときに、母親は「子供がかわいそう」などとは言わないことです。そのかわり、あとで優しくフォローしてあげればいいのです。

最近は男女平等が浸透して、女性も男性と対等に働く時代です。対等な関係の「友達夫婦」も多いことでしょう。

男女に差があり、どちらかが偉いなどということは、もちろんありません。ただ、家庭では、父親の強さというものが大事です。

それをあえて作り出すのも、お母さんの賢さであり、知恵ではないかと思います。

汚い言葉を使わせない

嘘をつかないということと同様に、「下品な言葉を使わない」というのも、大切なしつけです。

うちの子が小さい頃、世間では「むかつく」という言葉が流行っていました。また、老人を笑い者にする、「じじい」とか「ばばあ」とかいう言葉も、テレビではよく使われていました。

うちでは、こういう言葉は絶対に使わないことと決めていました。子供たちには、よく冗談半分に、「いいか。『むかつく』なんていうむかつく言葉を使ったら、承知しないからな」と言っていました。それで、「お父さんが言ってるじゃん」というツッコミが入るのですが。

言葉や態度は、ほんのわずかなことであっても、その場で注意することが大切です。

勉強上のことは褒めるのが中心ですが、態度や言葉遣いのことは小さなことであってもすぐに注意をしておく必要があるのです。

そのためには、親ももちろん、汚い言葉を使わないことが大事ですが。

お手伝いで片づけ力を

しつけとして、子供に伝えたいのは「整理整頓」です。

現代人は、大量の情報に囲まれて暮らしています。その情報の海の中で、身の回りを整理し、必要なことにすぐ対処する力は、社会生活を送る上でますます大切になってきます。

こういう整理整頓の力も、子供時代の習慣が大きく影響しています。

この力を育てるためには、子供には勉強だけでなく、**少し負担のある家事手伝いを毎日させる**ことです。これも、小学3年生までであれば、習慣をつけやすいのです。

私の父は、大正生まれでしたが、子供の頃は毎日家の柱を磨く仕事をさせられていたそうです。昔の古い家で太い柱があったので、それがぴかぴかになり顔が映るぐらいになるまで磨かされたそうです。

今は家も密閉性が高く、あまり汚れないような作りになっていますが、それでも毎日の家事手伝いとしてやるのは掃除が一番です。

それも、掃除機やモップで手軽にやるのではなく、雑巾でごしごしやるような掃除の仕方がいいと思います。

「人生論」を家庭で

性格に応じた先まわりのアドバイス

親は、子供をよい子に育て、将来子供が成功し、幸福な人生を送るようになることを願っています。しかし、成功したあとにどう生きるかということも、先まわりして教えておく必要があります。

人間が責任ある立場についたとき、大切なのは、自分の利益よりも全体の利益を優先する姿勢を持つことです。それまでは、がむしゃらに自分のために生きることも必要で、自分が世の中で成功することを目標にしていいのですが、そこが最終目的地ではありません。

また、成功だけでなく、絶体絶命の失敗のピンチの場面でもそうです。そのときも大事なのは、自分の利益よりも全体の利益を優先する姿勢を持つことです。

漫画の世界では、ピンチのときは都合よくアンパンマンなどが助けに来てくれることも多いのですが、現実の世界では、どちらかを選び何かを捨てるという決断をすることも必ず出てきます。

そのときに、大きなことほど、自分よりも全体を先に考えるということが大事なのです。

私の家の長男は、性格が真面目すぎるので、私は時々、昔の漫画の主人公の直角君という名前で呼んでいました。漫画の直角君は、道を曲がるときも直角に曲がります。剣道をやっているのですが、その技も直角切りなのです。

その直角的な長男が大学に進むとき、私が言っておいたことは、「どんなに正しいことを言う組織があっても、その組織の中に反対意見を言う自由や辞める自由がなければ信用しないこと」でした。政党や宗教団体の勧誘に対する予防をする必要があると思ったのです。幸い、その心配は杞憂でしたが。

また、私の次男は、人付き合いがよく、誰とも分け隔てなく交流する性格でした。そこで、次男が中学生の頃に言っておいたことは、「どんなに友達がみんなでやろうと言っていることでも、自分が悪いと思うことだったら、ひとりだけでも絶対にやらないこと」でした。こちらも、幸いその心配は杞憂でしたが。

親の失敗談を話す

こうした子供の性格に応じた先まわりの注意は、親でなければなかなかできません。

また、**子供は、親の生き方と似た生き方をします**。親の後ろ姿を見ていると、自然にそうなるのです。また、その反対に、親の生き方と正反対の生き方をしようとする面もあります。どちらにしても、親の影響は大きいのです。

だから、親の人生の失敗談の経験を話しておくことも重要です。身近な親の話は、成功談も失敗談も、子供の心に残ります。

言葉の森の作文では、家族の似た話を取材して実例の幅を広げるという書き方をします。ここで感動するような話がよく出てきます。親に聞いた話は、そのときだけでなく必ず子供の記憶に残り、あとで子供が人生の選択で迷ったときなどにふと出てくるのです。

とくに親が子供だった頃の失敗談は、自分に近い話ということで、「それでどうなったの」と目を輝かせて聞いてきます。

「親は親らしく、格好よくしていなければ」などと思わず、ぜひ失敗談も大いに披露してください。

ことわざが生き方の指針に

私の母はよく、「天知る、地知る、我知る、人知る」ということを言っていました。誰も知らないように見えても、天も知っているし、地も知っているし、何よりも自分自身が知っているということです。子供の頃から何度も聞いていると、それが自然に自分の生まれ持った性格のようになります。

こういう言葉は、知識として理屈で教えても、その人の身につくわけではありません。**子供の頃から何度もくり返し聞くことで、自然に身につく**のです。

美徳のある生き方というような微妙なものは、学校の勉強の中では教えられません。教えて○×をつけて評価するという性質のものではないからです。

道徳を知識として教えれば、誰でも正しい答えを言えます。しかし、正しい答えを言えても、その答えが必ずしも自分のものになっているわけではありません。点数をつけられる世界の対極にあるものが、文化の世界です。

この文化の世界を形あるものとして伝えるのが、ことわざです。

小さい頃からよく聞くことわざがあると、そのことわざが自分の生き方として身についてきます。国民性の違いというものも、こういうことわざ文化の違いから生まれてくるように思います。

だから、子供の頃は、**親が何かを話すときもことわざをうまく入れておく**といいのです。もちろん、そのことわざは人間性を高めるようなものを中心にします。

「嘘も方便」とか「人を見たら泥棒と思え」とか「渡る世間は鬼ばかり」などというのではありません。

家族同士の付き合いから多くを学べる

インドア派がアウトドアの楽しさを知る

どの家庭にも、得意分野と苦手分野があります。ワイルドな野外生活を得意とする家庭と、文化的な歴史めぐりを得意とする家庭が、子供を通して交流すると、新しい発見が生まれます。

こういう家庭間の交流のしやすいところが、小学校中学年までの時期のいいところです。そして、このような交流のもっともしやすいのが幼児期です。幼児期から家庭同士の交流を密にしておき、それを小学校に上がっても継続させると、自然な交流ができます。

子供にいろいろな経験をさせたいと思っても、親は自分の経験がないことはまず思いつきません。それが、他の家庭と交流することで初めて気がつくことがあるのです。

他の家庭との交流といっても、**最初から最後まで一緒に行動するわけではありません。**落ち合う場所を決めておき、あるイベントを一緒に楽しんだら、あとはそれぞれの家庭に分かれて自由な行動をするということにしておけば、気が楽です。

こういう交流に役立つのが、やはりソーシャルネットワークです。それぞれの家庭が自分の得意な分野で遊びの計画を立て、そのテーマに関心を持った家庭が参加するという形です。

こういう家庭間の交流の中で、大人同士の会話を聞くというのも、子供にとっては社会勉強になります。

よその家に泊まるのは貴重な体験

家庭間の交流を発展させて、子供だけを互いの家に泊まらせるという経験をさせることもできます。

　よその家に泊まらせるためには、一応しつけらしいこともしなければなりません。普段とくに注意していなかったことも、改めて話しておくいい機会になります。

　子供自身も、よその家に泊まるときは、それなりに神妙になります。**学校生活だけでは学べない社会生活のルールを身につけることができる**ようになります。

　遠出の旅行などをした後に、急に子供がひとまわり大きく成長するということがよくあります。新しい経験をすることは、それ自体が大きな教育になっているのです。

　また、**子供を泊まらせる家庭の方でも、**

よその家の子が来ると、それぞれの家庭の文化の違いに気づく機会が増えます。そして、互いの家庭が、互いの文化のいいところを吸収していくのです。

たとえば、ものをきちんと片づける子、服を脱ぎっぱなしにする子、明るく挨拶のできる子、すぐ人に頼る子など、子供の生活習慣はさまざまです。

何ごとも言葉で理解するよりも、実物を見ることが一番参考になります。自分の家で自分の子供だけを見ていたのではわからないこともあります。よその家庭の子供と一緒に生活をしてみて、初めて気がつくことも多いのです。

ソーシャルネットワークを通じた交流も

これからの教育は、大きく変わっていきます。子育ても、その大きな変化を見ながら進めていく必要があります。

その変化は大きく分けて４つあると思います。

第一は、受験の教育から実力の教育へという流れです。受験勉強のように、合否の差をつけることを目的にしたテストで、詰め込みの勉強をするのではなく、これからは、自分や社会のために役立つ知識を学び、真の実力をつけるために勉強するようになります。

第二は、学校の教育から、家庭と地域の教育へという流れです。

学校の一斉教育が有効だったのは、教室も教材も先生も限られていて、しかも工業時代に対応するために全国民の一律の教育が必要だったからです。

しかし、今はネット環境を利用することで、子供の個人差に応じた教育ができるようになっています。家庭が教育の中心になり、学校は教育の場であるとともに子供たちの交流の場としての役割を果たすという関係になっていきます。

第三は、点数の教育から文化の教育へという流れです。○×をつけたり点数をつけたりする教育よりも、そういう点数のつかない、その人の人間性や文化性を大切にする時代になっていきます。

第四は、競争の教育から創造の教育へという流れです。これまでは限られたゴールを目指して競争し、その競争に勝つことが成功することでした。しかし、これからは、競争の分野は次第に縮小し、それに代わって、それぞれの人が自分の個性を生かして創造することを目標にする社会になります。

こういう実力、家庭、文化、創造という今後の大きな流れを想定して、勉強面も勉強以外の面も、子供の教育を総合的に考えていく必要があります。

そのための方法のひとつが、**ソーシャルネットワークなどを利用して、いろいろな人の実例や考えに接する**ことです。

核家族での少子化という単調になりがちな子育て環境の中で、子供にバランスのよい多様性をもたらしてくれるのが、これからはネットワークの向こうにいる同じ問題意識を持った人たちになっていくのだと思います。

〈著者紹介〉
中根克明（なかね・かつあき）

◇—1952年生まれ。千葉大学卒。25歳のとき、マスコミ志望の大学生を対象にした作文教室を開く。1981年、作文教室の草分け的存在である「言葉の森」を横浜で開講。通信教育を始める。

◇—小学生から大学受験生まで、1万2000人が学んだ。卒業生には東大・京大・早稲田大・慶應大など難関大、難関中・高に進んだ生徒多数。教育熱心な親の間で注目を集めている。

◇—毎月の作文の添削だけでなく、国語力の土台である読書推進にも力を入れる。生徒への面倒見のよさには定評があり、ネット上で毎日の家庭学習を講師にみてもらえる「寺子屋オンエア」も開催する。
本書は、長年教育の現場でたくさんの親子を見てきた著者が、本当に大切な「勉強」とは何かを余すところなく語った書である。

言葉の森
https://www.mori7.com

小学校最初の3年間で本当にさせたい「勉強」

2016年12月17日　第1刷発行
2017年6月1日　第6刷発行

著　者——中根克明
発行者——徳留慶太郎
発行所——株式会社すばる舎
東京都豊島区東池袋3-9-7 東池袋織本ビル　〒170-0013
TEL　03-3981-8651（代表）　03-3981-0767（営業部）
振替　00140-7-116563
http://www.subarusya.jp/
印　刷——中央精版印刷株式会社

落丁・乱丁本はお取り替えいたします

ISBN978-4-7991-0580-1